倾听孩子

倾听孩子 不仅是倾听其话语

更是倾听其成长背后的欲望和冲突

陶杏华 王 宁/著

四川大学出版社

SICHUAN UNIVERSITY PRESS

责任编辑:李金兰
责任校对:胡晓燕
封面设计:徐著林
责任印制:王 炜

图书在版编目(CIP)数据

倾听孩子 / 陶杏华，王宁著. 一成都：四川大学
出版社，2016.12（2023.9 重印）
ISBN 978－7－5690－0251－5

Ⅰ.①倾⋯　Ⅱ.①陶⋯ ②王⋯　Ⅲ.①家庭教育－教
育心理学　Ⅳ.①G780

中国版本图书馆 CIP 数据核字（2017）第 003499 号

书　名　倾听孩子
　　　　QINGTING HAIZI

著　　者　陶杏华　王　宁
出　　版　四川大学出版社
地　　址　成都市一环路南一段 24 号 (610065)
发　　行　四川大学出版社
书　　号　ISBN 978－7－5690－0251－5
印　　刷　永清县晔盛亚胶印有限公司
成品尺寸　170 mm×240 mm
印　　张　17
字　　数　211 千字
版　　次　2017 年 4 月第 1 版
印　　次　2023 年 9 月第 2 次印刷
定　　价　80.00 元

◆ 读者邮购本书,请与本社发行科联系。
　电话:(028)85408408/ (028)85401670/
　(028)85408023　邮政编码:610065
◆ 本社图书如有印装质量问题,请
　寄回出版社调换。
◆ 网址:http://press.scu.edu.cn

关注孩子心理 为每个孩子提供他们成长所需要的阳光雨露

序　言

　　陶杏华女士在接受了四年的心理学本科与三年的精神分析研究生训练之后，主动到四川大学附属实验小学从事心理咨询工作，那时（2005年）小学的心理咨询工作才刚刚起步，因而没有可以借鉴的经验，也没有可以提供指导的前辈。一切从零开始，筚路蓝缕，走到了现在，实属不易。

　　陶杏华女士在小学心理咨询工作中遇到的首要问题是如何听懂孩子们所说的话语，如何用孩子们能够接受的说话方式和他们能够理解的语言来与他们交流。事实上，因为我们这些成人都是从儿童成长过来的，因而儿童的语言是深埋在我们的无意识记忆系统中的，只需要将它们调动出来就行了——尽管这一调动不是一朝一夕、轻而易举就能实现的。但是，陶杏华通过她的不懈努力，实现了这一调动，从而开始理解孩子们所说的话的本意和言外之意，并且能够与他们一起工作，帮助他们解决他们所遇到的心理问题。

　　在心理咨询工作中，首先是倾听孩子们言说的意义，因此，心理咨询老师把孩子放在了一个言说主体的位置上。孩子在与父母互动形成其基本人格结构的过程中，在接受老师传授知识的过程中，我们的确需要孩子是一个听话的孩子。而精神分析与心理咨询的工作则相反，强调了孩子应该是一个说话的孩子，一个能表达自己思想的孩子，强调了孩子的主动性和主体性。同时，我们也需要指出，只有在

心理咨询师有一对足够开放的耳朵的情况下，孩子才有可能大胆、自由地言说。

　　这本书是陶杏华女士在小学的心理咨询工作中听到的孩子们心声的部分记录，以及她对孩子们的帮助和对问题的解答。它涉及小学生心理问题的方方面面，弥足珍贵。这本书不仅可供从事小学心理咨询工作的老师参考，而且可供所有从事心理咨询与精神分析的同行们参考，同时也对父母们有所帮助。

霍大同　谨识于川大农林村

二〇一六年十二月二十二日

CONTENTS

第三章　人际心理

第六章　生活心理

第一章

走进心理健康

人的健康不仅仅是身体上的健康，更重要的是心理上的健康。关注孩子心理，为每个孩子提供他们成长所需要的阳光雨露，是我们教育孩子的重要任务。

第一讲　什么是儿童心理咨询

同学们，下午好，我是负责学校心理健康工作的陶老师，这学期的心理午会将由我来主持。今天的午会有两个内容：第一，讲儿童心理咨询是怎么一回事；第二，讲这学期我们的心理咨询工作将怎样开展。

首先，我给大家讲什么是儿童心理咨询。

以前，很多人都以为孩子是没有心理问题的。那么，人们是从什么时候开始关注孩子的心理呢？下面我给大家讲个故事：

大约在1900年前，奥地利有一名叫弗洛伊德的著名医生，他专门帮助那些心理上有困难的成人。经过研究，他找到了成人心理烦恼的原因，主要是和他们小时候所经历的不愉快的事情有关。于是，弗洛伊德开始去观察小孩子的行为，看看小孩子的心理世界究竟是怎样的，他们是不是也会遇到心理上的困难。

有一天，他注意到了他不满一岁的孙子在玩扔线圈的游戏，于是就在一旁观察。他的孙子坐在婴儿车上，手里拿着一根线，这根线的一头连着一个线圈。孩子把线提起来，直到他把线圈拿到。当他把线圈拿在手里的时候，孩子就高兴地"啊"了一声，接着把线圈扔了出去，而那根线还抓在他手里。线圈掉在了地上，孩子看不见了，他又"哦"了一声，当他说完"哦"的时候，又重新把线圈提回来，然后

又"啊"了一声，再把线圈扔出去，又说"哦"。就这样，他一直在玩这个游戏，同时嘴里不断地发出"啊"和"哦"的声音。

弗洛伊德一边看着他的孙子玩，一边思考着："这仅仅是一个游戏吗？这个时候我的孙子在想些什么呢？"突然，他明白了。原来，他的孙子通过玩这个游戏，想要表达的意思是：妈妈一会儿在我身边，一会儿又不在我身边了。她在的时候我高兴，她离开我的时候我悲伤。为什么这么说呢？因为细心的弗洛伊德发现，当孩子的妈妈要离开孩子去上班的时候，孩子就非常紧张，也非常孤单。他不知道妈妈什么时候回来，心里很难受，这个时候他就抓住了这个线圈，通过扔线圈这一个不断重复的游戏，来表达他妈妈离开这件事情。当他把线圈拉到手中的时候，他说"啊"，意思是说妈妈回来了，就在我身边，我能看见妈妈了。他把线圈扔掉了，看不见了，意思是说妈妈离开了，我看不见了，所以他说"哦"。虽然他不知道妈妈什么时候回来，什么时候离开，但是，通过这个扔线圈的游戏，他能够控制一个东西的回来和离开。这样他就没有那么紧张和难受了。

从那以后，人们开始知道儿童的内心是有着许多秘密的。他们玩游戏、画画、发脾气等，都是表达他们内心世界的方式，它们都是有意义的，都是孩子所使用的特殊"语言"。从这以后，人们就懂得要从心理的角度去理解孩子，理解孩子出现的各种各样的状况。例如，为什么孩子会怕某些东西，如怕马、怕狗、怕蜘蛛？为什么有的孩子本来很安静，却突然间变得很好动？为什么有些孩子总是不愿意说话？等等。也就从这以后，人们建立了许多机构，专门关心和治疗那些在生活中遇到心理问题和各种障碍的孩子。

这也是我们工作的基础：倾听你们内心的声音，关心和解决你们的心理困难，让你们更好、更快乐地生活，更勇敢地面对你们的环境和周围的人。

那么，我们的工作将怎样开展呢？这就是我要讲的第二个方面的内容。我们将通过以下三种途径来开展我们的心理健康工作：

第一，通过心语聊天室。心语聊天室是专门用来接待那些前来要求帮助的个别同学及他们父母的。在那里，你们会有一个安静和自由的环境，你们的问题也可以得到深入的探讨。心语聊天室的开放时间是每周的一、二、三、四下午放学后，也就是星期一、星期三下午5:00—6:10，星期二、星期四下午3:40—5:30。另外，为了更好地完成这项工作，我们要求前来作分析和咨询的同学，要提前到心语聊天室预约。预约时间为星期一和星期二下午的课间时间。例如，你想星期二来咨询，你就应该在星期一下午的课间时间来预约，相当于我们到医院看病时挂个号。没有提前预约的同学，如果在开放时间看到心语聊天室的门是打开的，也可以前来进行咨询。

第二，通过心理信箱。心语聊天室所接待同学的数量是有限的，而为了让更多的同学得到帮助，我们特别设置了心理信箱，信箱就设在心语聊天室的门口。大家可以把自己的问题写在纸上，叠好，然后放到信箱中。你们的问题可以包括任何方面，例如家庭问题、学习问题、朋友间的问题，以及心理学的一些常识问题等。我们将收集、整理大家所提出的问题，并对那些突出的、典型的问题，在每周四的心理午会上给予回答。当然，我们会为大家保密，不会说出是哪位同学提出的这些问题。

第三，通过网上信箱。你们可以把自己的任何问题通过网上邮箱

发给陶老师。邮箱地址是：toto10@126.com。

最后请大家注意的是：

1. 如果你不希望自己的问题被公开，那么请在信的最后注明：不公开。这样，你的来信就绝对不会对任何除陶老师之外的其他人公开。

2. 那些没有在广播中给予回答的其他信件，请在每周星期一下午3:00—5:00到心语聊天室陶老师处领取回信。

3. 如果自己不能在预先约好的时间来，请提前来取消预约，以便把机会留给其他同学。

4. 大家尽量在信中把问题写得详细一些。因为越是把事情描述得清楚，就越能得到准确的回答。

第二讲　音乐与心理健康

人人都说音乐是好东西，那么它究竟好在哪里呢？它究竟会对我们的心灵产生哪些影响呢？这就是我们今天午会的主题：音乐与心理健康。

曾经有这么一部电影：在一所管教寄宿学校里，有许多难以管教的孩子，人们称他们为"问题"学生，因为他们是一群叛逆的孩子。他们撒谎、打架、搞恶作剧，甚至伤害别人。因此，这所学校也被称为"池塘之底"。有一天，学校来了一位失业的音乐教师，他的名字叫克莱蒙·马修。刚开始，这位老师对这群学生也束手无策。突然有一天，他听到寝室里的男孩子在唱歌。虽然他们唱得很不好，甚至很多人都唱走调了，而且他们所唱的歌也都是讥讽别人的，但是，这个新老师隐隐约约地感觉到，音乐会给这些孩子带来一些新的东西。

于是他开始为孩子们谱写歌曲，写出了一首首动听的歌。他把这些五音不全的孩子组织起来，组成了一个小小的合唱团，从开始时的粗声、跑调到后来的美丽和声，他们的歌唱得越来越好。这些专门为孩子所写的歌，是那样的神圣而纯净，音乐唤回了孩子们冰冷已久的心，净化了孩子们的心灵，解脱了束缚孩子们身心的绳索，抚平了他们受伤的心，教会了孩子们仁爱、友善和宽容。其中有一个小男孩，最后还成为有名的音乐指挥家。

你们看，音乐是多么神奇啊！它滋润了每一个孩子的心田，重树了这群调皮孩子的自信心，甚至改变了孩子们的命运，让这群孩子重新获得了生命，让他们的世界有了音符，也有了蓝天。

音乐不仅仅能够让一个人建立起自信心，在很多时候，音乐还能调节我们的情绪，让我们不再烦躁，让我们的心灵得到宁静。不知道同学们是否有过这样的经验：在你不开心的时候，闭上眼睛，静静地听一些优美的歌曲，并随着歌曲想象里面的情景，让自己完全沉浸在歌声里面？又或者，在你特别烦躁的时候，找一个宽敞的地方，站直，挺胸，然后敞开自己的喉咙，放声歌唱呢？

当你们这样做的时候，你们会有哪些感觉呢？你们是不是感觉到，通过听音乐，烦躁的心可以渐渐地安静下来；而通过放声歌唱，自己的身体也会逐渐地发生变化，你会随着歌声感到全身放松，最后，心里面所有的闷气随着音乐渐渐地消失了。

为什么会有这样的效果呢？从生理学的角度来说，人的动作有张有弛，能急能缓。人的各种生理活动都有节奏，特别是心脏的跳动和

呼吸的进行，和节奏有着密切的联系。因此，当人听到自己喜欢的音乐时，这种音乐就会对大脑产生良好的刺激，大脑里的脑垂体将分泌一种叫作多巴胺的物质，这种物质会使人产生快感，忘记疼痛以及不愉快，从而朝气蓬勃，精神焕发。音乐丰富的节奏对身体的节奏起着促进作用，人会感到血液流动畅通，全身充满青春的活力，尤其是当我们唱歌时，肺部就会扩张，血液中的氧气含量也会增加，让人摆脱压迫感，使人身心舒畅。就好像我们心里所有的"脾气"都随着歌声一起排出了体外。

既然音乐可以给我们带来自信，可以调节我们的情绪，那么，在平时的生活中，我们是不是应该经常把音乐送给自己呢？你觉得今天因为某个朋友而让自己感到不快乐，就给自己送上一首优美的歌曲吧；你觉得今天为了某件事很生气，就放开喉咙，为自己唱上一首歌曲吧；你觉得今天被人误解感到很难过，就为自己弹上一首优美的曲子吧。我们学弹琴并不仅仅是为了比赛，为了让父母开心，主要是为了我们自己。音乐就是我们的朋友，在我们不开心的时候能够给我们鼓励和安慰。

最后，陶老师给大家献上一首优美的歌曲，它的名字叫《看着你的路》。你们还记得我们在午会开始的时候，给大家讲的那群调皮的小孩吗？这首歌就是他们演唱的。让我们抛开今天的烦恼，放飞无限的想象，在歌声里感受他们重新找回的自信，同时在这首优美的歌声中也找回我们的自信吧！

歌词如下：

看着你的路　被遗忘的迷途流浪儿　伸手给他们　带领他们走向

明天

　　在黑夜的中心感受　希望的波浪　生活的热情　光荣的道路

　　童年的快乐　被太快地忘记和擦去

　　一束金色阳光永恒照耀　直到路的尽头

　　在黑夜的中心感受　希望的波浪　生活的热情　光荣的道路

第三讲　运动与心理健康

　　很高兴又来到了我们心理午会的时间。今天我们的话题：运动与心理健康。与我一起主持今天午会的还有我的小助手。

　　小助手：陶老师，我知道运动能促进我们身体健康，但是，运动怎么可能跟心理有关系呢？

　　陶：如果你是这样想的，那你可就错啦。运动和心理健康之间的联系可紧密了。曾经有人在福建的各个学校做过一项调查研究，结果表明，经常参加运动的学生比不经常参加运动的学生有更多的自信和快乐。

　　小助手：真的呀？可是，这是为什么呢？为什么运动对我们的心理健康会产生这么大的影响呢？

　　陶：运动能帮助我们找到更多的朋友，得到更多的快乐。常常有同学写信来说，自己在学校里没有朋友，感到非常孤独，非常不快乐。尽管自己也试着带一些绳子、毽子过来，但还是没有人愿意和自己玩。最后，陶老师发现了其中的一个原因，她缺乏这样的运动技能，也就是

说她不会玩。每个人都想和与自己水平相当的人在一起玩，这样才有竞争，才更有趣。因此，拥有某种运动技能，是我们交朋友的一项重要资本。在学校里，许多同学除了与本班同学成为好朋友以外，还结交了其他班级的好朋友，是因为他们在同一个足球队、篮球队，等等。因为运动，他们成为朋友。被人们传为佳话的，是我们国家著名的乒乓球运动员邓亚萍与前奥委会主席萨马兰奇的忘年之交，这中间的友谊桥梁就是小小的乒乓球。我们可以设想一下，如果这个世界上没有运动，那我们的生活中少了多少朋友，少了多少乐趣啊！

小助手： 哦，我明白了。同学们，如果你正在为没有朋友而烦恼，那赶快去运动吧！你的新朋友可能就在那儿等着你呢！那么，除了帮助我们获得友谊，运动对我们的心理还有哪些影响呢？

陶： 运动能提高我们的自信心。运动常常是以竞争的形式激发生命力，而在竞赛中获得成功可以提高自信心。人生中的每一次小小的成功都是一种宝贵的财富，在我们日后遇到困难和挫折时，它能暗暗地激励我们，让我们重新找回自信。我曾经遇到一个同学，他已经毕业了。他说小学的一次长跑比赛让他印象深刻，因为那次不仅让他赢得了比赛，更让他赢得了影响他一生的宝贵财富——自信。那次，身体并不强壮的他鼓起勇气报名参加了长跑，但是他没有想到这一份勇气创造了一个奇迹，一个超越自己的奇迹。他说，比赛刚开始时，他就落到了最后一位，与其他对手相差很大一段距离，当时他的心都凉了半截。但是他告诉自己"坚持就是胜利"，不断地在心里说，超过他，超过他，超过他就是胜利。后来，很多同学渐渐慢下来了，还有同学放弃了。此时，有很多同学被他远远地甩到了后面。在最后一圈，他竟然跑到了第二名的位置上，很快就要赶上第一名了！他闭着眼睛，咬紧了牙关，用尽自己最后一点力气拼命冲了上去。然后，他听到一片掌声，他知道他成功了！他说，现在每当他面对挫折和困难时，就会想起这件事情，心中充满了快乐与自信，对未来也充满了信心。所以，同学们，要问信心从何处来，其实信心就在那一次次小小的成功里。

小助手：哦，自信心对我们太重要了。听你这么说，我也想报名参加运动会了。对了，我知道运动有个人项目，例如长跑、短跑等，还有集体项目。那么，参加集体项目对我们的心理健康又有什么作用呢？

陶：你提得非常好，我正想跟大家说这个话题呢。参加集体项目的运动能让我们学会合作，感受和谐之美。在运动中，有很多项目都需要大家的默契与合作，包括教练与运动员的合作，老师与学生之间的合作，甚至是父母与孩子之间的合作。这段时间以来，我常常被我们学校的一道道美丽风景线所打动，你们知道是什么吗？那就是同学们跳的集体交谊舞。在那里，男生和女生各自所表现出来的有风度的举止，高雅的礼仪，以及他们前后走位、舞动、旋转与配合，所有这些都让我不由得默默赞叹：多美啊！这种美大概也只会出现在体育运动中吧。当然，除了美，这种运动让我们感受到的还有人与人之间无须言语的默契，能够让参与者的身心获得愉悦的感受。总之，运动对心理健康的好处真的是太多了，说也说不完。

小助手：听你说运动有这么多的好处，我都好想马上去运动了。但是，我的运动技能很一般，怎样才能够从运动中获得自信呢？

陶：不要着急。我们自身的潜能是巨大的，就像刚才我提到的那位参加长跑比赛的同学一样，他身体并不强壮，但是最终让他体验到

成功与自信的是他报名时的那份勇气。没有勇气，就谈不上后来的成功。首先，你要以积极的心态和行动参与到运动中来。其次，你还可以从不同的岗位上体验成功与自信。运动员是一种角色，教练员、裁判员、记分员、秩序维护员、宣传员、拉拉队队员都是运动中的一种角色和岗位。积极参与这些岗位锻炼，同样也能让我们找到自己的价值，获得成功和自信。

小助手：我以前也当过拉拉队队员，看着运动员在我们的加油声中奋力拼搏，最终获得胜利时，我们自己也感到很骄傲。这次我还要报名参加拉拉队。哦，我还有一个问题，那就是有时候我们想运动，但又没有那么多的时间，或者没有运动器材，这个时候还能运动吗？

陶：为什么不能呢？其实运动的方式很多，有竞技运动、趣味运动和休闲运动等。打球、跳绳是运动，登山、舞蹈是运动，慢跑、散步也是一种运动。所以，学校提倡我们徒步校园，其实也是提倡一种健康的运动方式。而且我们还可以发明一些运动器材和项目呢。你知道吗，我们班级运动会马上就要开始了，这是属于每一个班级独特的运动会，同学们可以大胆地想象和创造，动手做一做，在运动中享受创造的乐趣。

小助手：原来有这么多运动方式啊！看来，只要我们有健康运动的意识，运动是可以无处不在的。

陶：你这句话说得很贴切。

小助手：陶老师，你刚才说参加集体运动能让人感受到合作与和谐之美。如果运动中出现不和谐呢？

陶：运动中出现暂时的不和谐是难免的。有时由于种种原因，有人失败了，有人遇到困难无法坚持了，这些好像是一些不和谐的音符。但这个时候，如果大家能始终互相鼓励和理解，始终心连心，合力拼搏，那么，能坚持到最后也是一种胜利，也是一种美。

小助手：同学们，你们想拥有更多的朋友吗？你们想体验并获得自信吗？你们想感受与他人的合作与和谐吗？那就赶快参加运动吧。用积极的心态、科学的方法来进行健康运动吧！最后，别忘了，要坚持哦！

第二章

自我心理

自信生活的基本途径是发现自己，接受自己，并最终悦纳自己。为此，凡是与孩子切身攸关的事都应该让他知道。为了做到这一点，我们需要清楚地预期，孩子今后在成长过程中会发生什么，他自身内在的矛盾与痛苦是什么，而我们真正能为他们提供的帮助是什么。

第一讲　如何面对自己的困境

这段时间以来，陶老师前前后后收到了几封这样的来信：

因为自己家里穷，所以别人看不起我，他们都嘲笑我的衣服很老土，有些时候还扯我的衣服，还打我……

因为我家里经济情况不太好，所以我每天都是穿着同一双鞋子去上学，同学们都嘲笑我，并给我取外号，我觉得自己在大家面前抬不起头来……

看到这些信，让我想到了一部电影，今天，我想与大家一起来分享这部电影：

这是一部伊朗的儿童电影，它的名字叫作《小鞋子》。它讲述了一对兄妹和他们的鞋子的故事。这对兄妹的家里很贫穷，他们的爸爸妈妈整天在外面为了生活而奔波劳碌。有一天，哥哥不小心将妹妹唯一的一双鞋子弄丢了。这样，妹妹上学就没有鞋子穿了。由于家里穷得没有钱给妹妹买第二双鞋，而且兄妹俩怕挨骂，妹妹就听从哥哥的话，没有把这件事情告诉爸爸妈妈。于是她只能和哥哥合穿一双球鞋——哥哥那双破旧的球鞋。幸运的是，伊朗的学校是分男校和女校的，妹妹放学后才是哥哥上学的时间。每天早上，妹妹穿着那双破旧

的球鞋上学，下课铃一响，妹妹就头也不回地冲出教室飞奔回家。而哥哥则穿着大拖鞋在固定的地点等着她，等妹妹一到，哥哥就飞快地和妹妹换过鞋子，然后一路飞奔去学校。这样的结果是哥哥常常因此而迟到，并且差点被学校开除。至于妹妹，哥哥的鞋子对她来说太大了，她穿得并不是那么舒服。有一次，在她奔跑着回来跟哥哥交换鞋子的路上，因为鞋子太大太松，一不小心有一只鞋子掉进了水沟里。于是她焦急地打捞着鞋子，结果鞋子卡在了她够不着的地方，她无奈地蹲在水沟边，眼泪汪汪地看着水沟里那只鞋子。最后，幸亏有一位热心的老爷爷帮忙，才把鞋子给捞上来了。后来他们无意中发现，妹妹那双失掉的鞋子在一个小女孩那里，但同时他们也发现，那个小女孩的家境更加贫寒，于是他们便默默地转身离开了。

尽管这样，他们依然对未来充满着希望。特别是哥哥，他很希望有一天通过自己的努力为妹妹挣得一双新鞋子。为此他参加了一次马拉松比赛，因为季军的奖品就是一双运动鞋。因为他天天跑着去上学，所以他进步得很快，最后他获得的是冠军而不是季军。他最后没有得到那双运动鞋，他很沮丧。但是，也正是那一天，父亲为他们买回了新鞋子。

你们看，故事里的小男孩和小女孩，他们每天穿的是同一双鞋子，要忍受换鞋带来的种种不便，要承受对他人鞋子的羡慕所带来的折磨，最后可能还要被父母责罚。但是，他们是那样的自信，也是那样的善良，并为着心中的希望不断地奋斗。所以，穿着一双旧鞋子又如何呢？

在我们的生活中，几乎每个人都有被别人嘲笑过的经历。如果你现在正面临着这样的问题，为这样的问题而感到烦恼，那么，拿出你的笔来，把你遇到的困难和感受写下来，投到心语信箱，让我们一起来面对。如果你曾经面临过这个问题，但是你已经成功地解决了这个问题，那么，也请你拿起笔来，把你的办法写下来，交给陶老师，让陶老师还有其他同学一起来学习分享。

最后，让我们一起来听一首优美的法国儿童歌曲，它的名字叫作《黑夜》。

哦　黑夜刚刚降临大地

你那神奇隐秘的宁静的魔力

簇拥着的影子　多么温柔甜蜜

多么温柔　是你歌颂希望的音乐寄语

多么伟大　是你把一切化作欢梦的神力哦

黑夜仍然笼罩大地

你那神奇隐秘的宁静的魔力

簇拥着的影子多么温柔甜蜜

难道它不比梦想更加美丽

难道它不比期望更值得希冀

愿每个孩子都能够勇敢地穿过困难的黑夜，迎接充满希望的黎明。

第二讲　我得了口吃，怎么办

　　同学们，如果在你身边有这么一个人，他和你说话的时候总是结结巴巴，不能顺利地把话讲完，你是不是心里为他着急呢？而你自己有没有"有口难开，有口难言"的经历呢？今天，陶老师在广播里要和大家一起探讨的，就是这么一件"有口难开，有口难言"的事。有一位同学来信说：

　　我以前有许多毛病，例如动作慢、做事不认真，等等。现在这些缺点差不多都改正了，但是还有一个小小的毛病，这个小毛病让我不能够很好地说话，我得了口吃症。为了此事，爸爸妈妈常常让我朗读、唱歌、说绕口令，奇怪的是，我做这些事情的时候一点都不口吃，但一到上课发言或者与人交谈的时候就口吃。有一次，老师请我起来回答问题，我心里明明知道答案，可我结巴了半天也没有说出一句话。下课后我找到老师，想给他说明情况，但是在讲述的时候我又口吃了。虽然大家都在鼓励我，但我还是很自卑……

　　同学们，你们在生活中有没有遇到过这样的事情呢？想一想，我们周围是不是也有类似的事情发生呢？记得有一位同学曾经这样对陶老师讲他的经历："有一次，我在课堂上回答老师的提问时，结结巴巴地说不出来，结果引起全班同学哄堂大笑。这让我觉得痛苦万分，无地自容。以后我就很怕在课堂上回答问题了，每次回答老师的问题的时候就变得结结巴巴的。这样，我越发对上课不感兴趣了，成绩也在渐渐地'滑坡'。"

我们不能在别人面前流利地表达自己的思想，会影响与别人的正常交流，影响自己正常的学习和生活。因此，口吃常常成了不少同学心中难以跨越的障碍。那么，这种情况是怎么造成的呢？陶老师曾经听过一个有趣的事：有位患口吃的青年人，他是一名军人。他的口吃有个特点，面对的人地位越高，官衔越大，他的口吃就越厉害。一旦对方的地位没有他高，或官衔比他小，比如遇到了下级，那他就一点儿也不口吃了，说起话来口若悬河，滔滔不绝。

同学们，从这个故事里，你们猜到他口吃的原因了吗？是啊，口吃的一个重要原因就是自信心不足，或者是感到自卑。当一个人缺乏自信时，往往就特别在乎别人对自己的看法，特别在乎那些自己比不上的人，以及那些自己认为很重要的人的看法。这种过分担心和惧怕，引发了当事人的紧张心理，最终就表现出口吃。

不过，这种因为自信心不足而口吃的例子，在我们生活中也是普遍存在的。在中外历史上，有许多名人小的时候都有口吃的毛病。如春秋时期的管仲、中外闻名的铁路工程师詹天佑先生、英国前首相丘吉尔等。中国当代文学家沙叶新曾经也患过口吃，他在一篇《我曾是……是个结巴》的文章中这样写道："我很小就患口吃……因为'同志'的'同'字怎么也说不出来。憋了老半天，非得重重地一跺脚，才能说出。每次跺脚时'嘭'的一声巨响，声震四座……上高中之后，因为发表了诗歌和小说，很受同学的尊重，自信心随之增加，口吃也逐渐地不治而愈。到了大学，更是踌躇满志，不但自信甚至自负，口吃更是消失得无影无踪……"

由此可见，自信是战胜一切心理疾病的法宝。既然自信那么重要，我们要怎样才能获得自信，让自己不再口吃呢？自信来源于成功

的经历，来源于对自己优点的肯定。而自卑的人则养成了只看到自己缺点的习惯，总是忽视了优点的存在。我们这位写信的同学在信的开头就写道："我以前有许多毛病，例如动作慢、做事不认真，等等。"他在不知不觉中养成了消极看待自己的习惯。为了增强自信，我们可以努力地回忆我们取得成功的经历。也许我们在讲话方面从来没有获得过成功，但是我们在其他方面仍然有我们的优点。俗话说，"天生我才必有用"讲的就是这个道理。就好像我刚才讲的那位作家，当他在诗歌和小说上显现自己的才能并获得一些成功的经验后，他的自信心增加，口吃就随之消失了。因此，当我们获得一个小小的进步或者成功的时候，别忘了把它们记下来。

除了发现自己的优势，我们还需要调整好心态，正视我们的缺点。不要惧怕发生的问题，也不要惧怕别人的嘲笑，要多给自己创造一些讲话和练习的机会，在不同的场合和情景中尝试。如果你在课堂上回答问题时结巴、不自信，那么，可以先跟着同学们一起回答问题，然后主动尝试回答一些很简单的问题；如果你担心因为紧张而忘记了答案，那么，你可以预先把答案写在纸上；如果你在与老师或者不熟悉的人交谈中不自信，那么，也可以从日常的打招呼开始，增加与班级中不太熟悉的同学交流的机会，从最短的句子开始，一点一点地练习。一旦交流多了，心里放松了下来，说不定你就会发现，不知不觉中，口吃就变成口才啦。

每个人口吃的特点都不一样，有些人经过努力和摸索，最后还能够把自己的口吃变成一个优点呢！陶老师听过这么一个故事：有一个人，他在许多人面前讲话的时候就会口吃，而每次张口都要把第一个字重复三遍。他后来想到了一个办法，就是每次在众人面前讲话时先念一首诗：鹅鹅鹅，曲项向天歌，白毛浮绿水，红掌拨清波。结果，不多久，他的口吃就消失了。而且，他以后常常以一首诗来作为演讲的开始，这种方式很受听众的欢迎呢！

你们看，了解自己的特点之后，最大的缺点也可以转化成最大的优点。同学们，试试吧。

第三讲　竞选失败以后

前些日子，陶老师收到了这样一封来信：

陶老师您好：

在昨天的班委竞选中，我还是落选了，这是我在小学生涯中最大的遗憾，因为我从一年级到五年级都参加了竞选，但都失败了。前几次失败没什么，因为还有下一次，但是六年级已经不一样了，因为这是我在母校的最后一年了。我要离开母校，离开同学和老师了，可我什么都没当过，也从来没有为班级服务过。我真想哭呀！可是我哭不出来，如果在家里，我早就把自己关在房间里哭了。

我的成绩不是很好，老师、同学都不怎么喜欢我，所以在每次竞选中都没有人选我、支持我。唉，我对自己一点信心都没有，我太想当体育委员了，大概是我喜欢体育的缘故吧。陶老师，我该怎么办？

面对这封信，陶老师感到有一种说不出来的复杂情感，既为这位同学坚持不懈的精神所感动，也因他遇到失败以后的悲伤，甚至是多

次失败后的绝望，而陷入了深深的思考中。我在想，这位同学为什么会有那么大的勇气面对同一个失败呢？这背后究竟是一种什么样的力量推动他这样做呢？在信中有这么一句话："我什么都没当过，也从来没有为班级服务过。"同学们，这背后是一种怎样的心情？怎样的渴望呢？

对，是得到他人和集体认同的愿望。在每个人的成长过程中，尤其是现在的小学阶段，每个人都是通过他人认识自己的，每一个人都需要得到他人或者集体的认同，从而认识自己、感到自己的存在和价值。这就是为什么当父母老是说我们不如别人时，我们感到无比气愤；这就是为什么当我们受到老师批评，尤其是当众批评的时候，我们是那样的沮丧；当被同学们嘲笑、疏远的时候，我们是那样的孤独和悲伤。每一个人都希望在集体中找到属于自己的位置。给我来信的这位同学就是没有在集体中找到属于自己的位置。他在信中说，自己什么都没当过，其实他想说的是，他在班集体中没有得到同学和老师的重视，就像空气一样，在这个集体中可有可无。于是，他想通过竞选来证明自己的存在。

尽管他的愿望很强烈，但是，他还是落选了，为什么呢？其实他自己也总结了原因——学习成绩不好。为此，同学和老师都不怎么喜欢他。这可能是其中的一个原因。试想一下，如果一个同学连自己最基本的学习都没有能够管理好，他如何有时间和能力去协助老师管理班级和同学呢？从信中看来，这位同学性格比较内向，很少在大家面前展示自己，因此，全班同学几乎没有人注意到他。

然而，值得注意的是，虽然每个人都需要获得集体的认同，但是每个人获得认同的方式是不一样的。当班干部只是其中的一种方式，而不是唯一的方式。事实上，还有其他的、让你快乐、让你获得别人肯定的方式。下面这两位同学的例子就是很好的证明。

有一位同学说："一次，老师让我们班的同学比赛跳绳，可是我那时还不会跳绳，我心中下定决心一定要学会。当天中午，我练得满头大汗，终于学会了。以后，我每天都苦练，终于在一次学校举行的跳绳比赛中拿了第三名。虽然是一件小事，可我认为自己很棒。"还有一位同学说："我比较擅长画画，特别是画一些卡通画。每次我在课间画画时，同学们都站过来看，有的还让我送一幅给他呢！那时候我真的很有满足感，觉得自己特棒！"

是的，每个同学生来都具有与别人不一样的才能，有的同学有艺术特长；有的同学有语言天分，说话特别幽默；有的同学心思细腻，善于为事物分类；等等。我们的这些才能就是别人认同我们的基础。因此，找出自己擅长做的事情，并把它做好，你就会成功，也就会获得同学和老师的认可，也就能在集体中找到自己的位置。给我来信的这位同学其实也非常棒，他喜欢体育，那么，他其实可以努力锻炼，在体育课上、在运动会上、在各种体育比赛中展示自己。

最后，我对这位同学，同时也是我们许多同学身上展现出来的这股勇气表示赞赏，并深深地为这种坚持而感动。这种许多次跌倒后仍然站起来的勇气，使我想起了一个故事，我愿意在这里和大家一起分享：

有位父亲很为他的孩子苦恼，因为他的儿子已经15岁了，可是一

点男子气概都没有。于是，父亲带着儿子去拜访一位禅师，请他训练自己的孩子。3个月以后，父亲来接孩子，禅师安排孩子和一个空手道教练进行一场比赛，以展示这3个月来的训练成果。教练一出手，孩子便应声倒下，他站起来继续迎接挑战，但马上又被打倒。他又站起来，就这样来来回回共16次。禅师问父亲："你觉得你孩子的表现够不够男子气概？"父亲说："我简直羞愧死了，想不到我送他来这里受训3个月，看到的结果是他这样不禁打，被人一打就倒。"禅师说："我很遗憾，你只看到表面的胜负，你没有看到你儿子倒下去立刻又站起来的勇气和毅力，这才是真正的男子气概啊！"原来，被打倒后再站起来的勇气，也是成功的一种表现。只要站起来比倒下去多一次，就是成功。

在此，对于那些因为种种原因而落选的同学，陶老师建议：

第一，虽然不能当班干部，但是你同样可以用你的热情来关心班集体，主动地协助老师的工作，那么，也同样可以证明自己，赢得老师和同学的喜爱。

第二，分析自己落选的原因，并加以改正，不断地完善自己，为以后的竞选打下扎实的基础。如果是因为成绩不好而落选，就要督促自己把学习成绩提高上去；如果是因为自己的行为不够文明而落选，就要改正自己的不良行为习惯。

第三，相信自己，并找准自己的位置，找出自己擅长的事情，努力地把它发挥出来。

第四，把你身上的那种百折不挠的精神进行到底，让它成为你生命中的又一个闪光点！

挫折是人生的宝贵财富。伟大的无产阶级作家高尔基说过，"苦难是最好的大学"。经历了挫折，使人更坚强；经历了挫折，并能够在重新思考之后站起来的人，才是真正的成功者。只要我们以积极的态度面对和思考遇到的困难，找到解决问题的方法，发现自己的长处，再加上百折不挠的精神，一定会迎来明天的胜利！

第四讲　怎样看待自己的外形

每个星期，陶老师都会收到各种各样的来信，并且都会细细地品读同学们字里行间的心情和感受。有时陶老师会把其中一封信揣在口袋里很长一段时间，因为那是我们同学内心最深处的秘密，尤其是一些无法在别人面前说出的情感和话语。而这些情感和话语却在给陶老师的信中充分流露出来，这种信任让陶老师十分感动。是的，心语聊天室的大门永远向同学们开放，陶老师的心也一直为同学们敞开，一直在耐心地倾听你们的心声。

因为一些特殊的原因，这个星期的午会，我们并不是选取某一封完整的信，而是选择了一个大家都很关注的问题进行探讨。这个问题与一个人的外形有关。一些同学在给陶老师的来信中说：

因为胖，同学们、老师们甚至父母都不喜欢我。我想与同学们跳绳，同学们嫌我动作慢，不愿意让我参加；由于胖，有些同学嘲笑我，给我取难听的绰号。我不知道我为什么长得这么胖，这究竟是为什么？为什么呀？！

是啊，我们为什么长得那么胖呢？世界卫生组织在一份公报中指出，目前全球有10亿多人患肥胖症，肥胖已经成为一种世界性的"流行疾病"。它对世界的威胁，不亚于全球气候变暖和禽流感，而儿童肥胖率的急剧上升最令人担忧。因此，这位同学的烦恼，其实也是学校中很多同学的烦恼。专家指出，肥胖可能是由于遗传因素，也有可能是因为饮食、生活习惯不好，还有些是精神上的缘故。总之，胖，成了一些同学心头一块重重的大石头，压得他们喘不过气来。而且，这样的压力会随着年龄的增加而变大。当我们看到身材苗条的同学灵活的步伐，看着瘦个子健步如飞，看着其他人打扮得漂漂亮亮的样子，心里真是羡慕不已。更何况，因为肥胖，我们还会受到别人的嘲笑，这个时候我们就更难过了。

那么，如果我们比别人胖，是否就只能够生活在阴影之中呢，就不能得到他人的喜欢，就没有欢乐了吗？

答案是否定的！首先，不同时代有不同的审美标准，在繁荣昌盛的唐朝，体形丰满的人，是非常让人羡慕的，是一种美的象征。其次，在同一时代，不同的人也有不同的审美标准。有人喜欢瘦的灵巧，也有人喜欢胖的可爱。胖是美还是丑，关键在于一个人的心态，心态决定着一个人的命运，决定着他是否拥有快乐。

曾经有这么一个女孩，因为她长得肥胖，上学的大部分的日子里，都在疑心和自卑中度过。她不敢穿裙子，不敢上体育课，甚至不敢参加长跑测试，因为她害怕自己肥胖的身体，跑起步来会非常笨拙，会遭到同学们的嘲笑。那时候走在马路上，总有人从她身边擦肩而过时说："嘿，真够胖的哎！"在学校食堂排队买饭，也有人不怀好意地问她："哎，你一顿得吃几斤啊？"但是现在，她成了中央电视台的著名节目主持人，而且完全是依靠才气，丝毫没有凭借外貌。她的名字叫张越。她变了，她原来希望所有的人最好都看不见自己，想把自己彻底隐藏起来，可后来，她却能够在电视上面对天下人侃侃而谈，她是怎样做到的呢？她说："我能做到这一点，完全得益于我那种不允许自己永远生活在某种阴影里的积极心态，同时还得感谢我自己始终没有放弃学习，读书能让我不断地从知识中汲取力量。"

是啊，胖，不应该成为一个人前进的障碍，反而让我们脑袋更清醒，更加勇敢，挖掘出内心的美丽来。当我们把自己的才能展现出来的时候，胖就不再是一个缺点了，相反，它还可能成为稳重、有分量的象征。俗话说，"一美遮百丑"，在心理学上，人们也把它称为"光环效应"，是指人们对他人的某种品质或特点有清晰、深刻的印象时，会爱屋及乌，忽略了对这个人的其他品质或特点的认识。因此，只要我们身上有一个闪光点，这个闪光点就会渐渐地变成光圈，这时其他的缺点也就都退隐到光圈背后，被人们忽视或接受。肥胖，自然就不再成为自己和他人关注的问题了。

因此，我们其实可以坦然地面对肥胖：

第一，肥胖是相对的。如果这是遗传导致的，那我们所要做的，就是要让自己保持一个相对匀称的体态。应该戒掉吃零食的习惯（零食中有大量导致肥胖的成分），养成良好的生活方式，不贪睡，生活和学习要有规律，同时还要加强体育锻炼。

第二，把目光从肥胖的问题中移开，转移到自己能够做的事情上去。聋哑教育家海伦·凯勒说："面对阳光，你就永远不会看到阴

影。"有个同学说得好，既然我跳绳不行，我就给大家摇绳子，当一个旁观者；既然我跳绳时拖了大家的后腿，那么我就自个儿练习跑步，或者练习铅球等；既然我体育不好，那么我就认真读书，像张越阿姨那样，从书中汲取力量，强大自己的内心。

第三，找到自己的价值，展现出自己的才能。如果我们有一个闪光点，那么别人也会为我们的闪光点所吸引，从而忘记了我们的缺点。有一位网络歌手说过："我一度很自卑，后来我找到了音乐，音乐能表达我内心的感受，也让我重新找回了自信，肥胖就不再是问题了。"

第四，坦然面对别人的玩笑。在生活中，因为肥胖而被别人取笑，或者取绰号的情况比比皆是。但是，如果我们放开心胸，认为那并不重要，或者把它当作是一种善意的玩笑时，那么我们就会轻松多了。在陶老师给六年级同学上的心理课上，当陶老师要求同学们画一幅自画像时，很多同学画了各种各样的猪的形象，有跳舞的猪，有可爱的小猪。当他们被问到为什么画猪的时候，他们说："我觉得猪很可爱，家里还有许多玩具猪。""我觉得猪还很有价值，因为它全身都是宝，我也希望自己做一个像猪一样有价值的人。"同学们，这些同学说得多好啊！

这里，陶老师还要提醒那些恶意嘲笑别人的同学，当你在嘲笑别人的时候，其实你并没有看到自身存在的缺点，不懂得尊重他人的人，也不会得到别人的尊重。

同学们，只要我们能够乐观积极地看待自己的外形，大大方方与同学们交往，并积极地发展自己的兴趣和特长，那么，我们也可以从丑小鸭变成真正的天鹅，找到属于自己的快乐！

第五讲　怎样培养我们的自制力

同学们，下午好！陶老师非常高兴又在这里和大家见面了。今天我们的午会主题：怎样培养我们的自制力。

有一位同学来信说：

陶老师，现在我终于了解妈妈的苦心了，很想把学习搞好，可是我有一个坏毛病，就是经常会管不住自己。看到别人玩，我就想玩，本来静下心来想努力学习，可是同学一叫我，我就马上又跑出去玩了。这样大把大把的时间都被我浪费掉了。等到每次考试成绩出来，我又开始后悔自己的行为。为了控制自己，我订了好多计划、时间表，但是一点用也没有。我也想要控制自己，但是总是失败，我该怎么办呢？

同学们，你们有没有类似的烦恼呀？陶老师听到许多同学说"有"。是的，我们这位同学的烦恼，也是我们学校许多同学的烦恼。许多例子表明，自制力对于一个人获得成功起着十分重要的作用，同时，美好的人生也建立在自我控制的基础上。因此，学会自我控制就显得非常的必要和重要了。那么，我们究竟该怎样做呢？今天，陶老师给大家带来了一个关于自制力的故事，请同学们在听故事的同时思考一下，培养我们自制力的办法有哪些？

这是一个名叫岳晓东的心理学家的成长故事：

1977年，全国恢复高考招生，给所有的年轻人都带来了希望。大

家都通过各种方式复习准备，力图考上一所理想的大学。而我，也在母亲的办公室里夜以继日地复习功课。

一天晚上，校园大礼堂要放映电影《林则徐》。这是我盼望已久的电影，可再过一个月就要高考了，我觉得仍有许多东西还没复习好，十分犹豫去还是不去。

傍晚时分，我望见窗外有人三三两两地搬着椅子走向学校大礼堂，心里急得直发慌，想来想去，决定先看了电影再回来复习功课。于是，我搬起椅子，快步走出办公室。但是，当我走到楼门口时，忽然望见走廊墙上贴着的一幅标语："世界上怕就怕认真二字。"

我停下脚步，缓缓转身上楼，因为我想对自己认真一回。回到办公室复习功课时，我倍感心烦意乱，什么都读不进去，满脑子想着那边刚开演的电影。我自幼喜欢历史，尤其敬佩林则徐，早就盼望能看上这部名片，况且他又是由著名演员主演的。这些念头就像飞蝇似的在我脑海里飞来飞去，搅得我什么都读不下去。

后来，我索性又提起椅子，冲出门外，心想，反正在这里什么也干不了，还不如去看电影。不料，在过道上，我遇见一个同在楼里办公的叔叔，他见了我就说："我好几次从楼里出来，看见别人办公室的灯都关着，就你妈妈那屋的灯还亮着，我还以为是你妈妈在办公，不料竟是你在用功。好孩子，你这么下功夫，肯定能考上大学的……"

他的一番话，使我为要去看电影的举动深感惭愧，于是，我拖着椅子又回到了办公室。

再次坐回复习桌前，我的心略为平静了一些。毕竟有人鼓舞了我，心里好受了一些。我翻开书，慢慢看了下去，也能入神思考。但没过多久，我又开始浮躁起来，心想，已经复习了这么多功课，也该对得起自己了，现在去看电影应该不算过分。

想到这里，我第三次搬起椅子，走出大楼。当我望见对面一座大楼里的许多灯还亮着时，又止住了脚步。我想，或许那些屋里的人也在复习功课。既然他们能守得住不去看电影，我也该守得住。于是，我第三次转身回楼，坐在复习桌前看起书来。

又过了一会儿，窗外传来说笑声，我起身望去，原来人们已经看完电影，在兴奋地议论着什么。望着他们远去的背影，我心里有一股说不出的欣慰，我放弃了一部自己最想看的电影，去做一件自己最应该做的事情。其间我三次离开，又三次折回，最终还是战胜了自己。

在以后的日子里，当我面临类似挑战时，我总会想起这次成功的经历，彼时我的内心就会产生一股力量，既然我那时候能够做到，那么我现在同样能做到。这样的念头增强了我自制的力量。

同学们，听了这个故事，你们有什么感受呢？你们又总结出了哪些办法呢？

在故事的开始有这么一句话："大家都通过各种方式复习准备，力图考上一所理想的大学。而我，也在母亲的办公室里夜以继日地复习功课。"这说明了什么呀？对，他的决心很大，而且目标很明确。这是我们培养自制力时要做到的第一点。

第一，下定决心，主动控制。有时我们做事半途而废，是因为我们的决心不够大，目标也不够明确。那么，下面有一种办法可以帮助我们下更大的决心，同学们不妨试一试。

你在一张纸上画好4个格子，分别用来填写做某件事情的短期和

长期的损失与收获。例如，给我们来信的这位同学，他想要学习，却忍不住要去玩，那么他可以在上面的两个格子里分别填写短期损失："我一开始很不习惯、很不舒服"和短期收获："我可以在学习上取得进步"，底下两格可以填上长期损失："我的成绩越来越差，母亲伤心，别人会看不起我，不尊重我"和长期收获："我的知识会越来越丰富，说不定会成为受人尊敬的教授"。通过这样的比较，能帮助我们下更大的决心认真学习。

有了决心还不够，我们在做事情的过程中难免动摇，这时又有哪些办法呢？大家还记得吗，刚才故事中那位心理学家，他第一次走出办公室时为什么又回来了？有没有同学记得？对，因为他看到了墙上的一幅标语："世界上怕就怕认真二字。"也就是他通过一些外在的条件，激励自己。这就是培养我们自制力的第二个办法。

第二，主动创设外在的条件，激励自己。我们可以将自己崇拜的杰出人物的画像或者名言悬挂于床头、书桌上，或者放在我们常用的书本、作业本、日记本的首页上，作为自己的座右铭，以便我们在学习中受到各种影响时，能够以此提醒自己、鼓舞自己。同时，还可以以优秀的同学为榜样，激励自己。这位心理学家第三次想出去看电影时就是这样做的，他说："当我望见对面一座大楼里的许多灯还亮着时，又止住了脚步，我想，或许那些屋里的人也在复习功课。既然他们能够守得住不去看电影，我也该守得住。"所以他又转身回去复习功课了。

第三，乘胜追击，用自己取得的进步来不断激励自己、鼓舞自己。在你觉得自己快要坚持不住的时候，想想你曾经成功的经历，想想以前自己克服困难、战胜自己的经历，这会让你提高信心，增强自我控制的力量。

最后，让我们一起来重温文章中的一句话。这句话是这样说的："望着他们远去的背影，我心里有一股说不出来的欣慰。我放弃了一部自己最想看的电影，去做了一件自己最应该做的事情。"同学们，在我们的生活中，有哪些事情是我们最想做的，而又有哪些是我们最应该做的事情呢？在这两件事情发生冲突时，你会选择前者还是后者？我想，聪明的你应该能做出正确的选择。

第六讲　怎样看待别人有而自己没有的东西

非常高兴又能够在这里和大家见面。在今天的午会中，我要和大家一起讨论这样一个问题：怎样看待别人有而自己没有的东西？带着这个问题，大家和陶老师一起来看看一封女同学的来信吧，信是这样写的：

陶老师，您好！我也不知道是什么力量使我写这封信，可我还是写了。

我现在已经是高年级的学生了，学习很紧张，老师也经常布置一些上网查资料的作业。每当遇到这种作业，我都很苦恼。因为我家没有电脑，只有妈妈单位上才有。我只好每次都到妈妈单位上去查资料。这样的情况已经持续快两年了。我不知道我还要这样持续多久。我又是个爱面子的人，不好意思跟同学说我家没有电脑。再说，我平时穿衣服也挺好的，也跟得上潮流。如果说我家没有电脑，同学们肯

定要嘲笑我的。我们班很多人家里都有电脑。可以说就我没有，所以我只好隐瞒着。每当别人谈起有关电脑的话题时，我就会走得远远的，我也多次求妈妈，给妈妈讲了很多电脑的重要性，让她给我买台电脑，可她就是不买。有时我真恨我妈妈。我想她是怕花钱吧。也恨这些老师，为什么要查那么多资料！更恨世界上会有电脑。陶老师，求求你教我怎么办吧。

首先，在回复这封来信之前，陶老师要对这位女同学表示感谢，你能够鼓起最大的勇气，把在别人面前说不出来的话变成文字，告诉陶老师，这份信任让陶老师非常感动，同时，你这种克服困难、解决困难的勇气是非常值得赞赏的。

让我们再回到这封信所说的问题中去吧。

她在信中说，每次碰到要上网去查资料的作业，她就感到苦恼；而更让她苦恼的是，她家里没有电脑，这让她在同学面前感到自卑。为此她不得不逃避与同学们的进一步交往，因为害怕同学发现自己的这个"秘密"而嘲笑自己，从而毁掉自己在同学心目中的形象，这是她最担心和最害怕的事情。同学们，你是否也有过同样的经历和心情？你是否也会羡慕别人去旅行？羡慕别人有漂亮的自行车、文具袋？当你们处在这样的烦恼中而无法摆脱的时候，你们是否曾经想过，这样的烦恼究竟来自何方？我们该怎样来看待自己没有而别人有的东西？

是的，在生活中，有很多东西是别人有而自己没有的。别人有电脑，我没有；同学有机会出国旅游，我没有；同学有漂亮的自行车，我没有；同学家里有名牌轿车，我家没有……所有的这些，不免让我们心里有些不平衡。然而，同学们，你们是否知道，在我们学校中，有一些这样的家长，他们创造了许多财富，却让自己的孩子过得十分的简朴。这是为什么呢？因为他们明白一个道理：这些财富是他们通过勤劳和智慧获得的，并不属于孩子。那么，什么才是真正属于我们的呢？那就是我们的内在能力，包括个人的学习能力、人际交往能力、战胜困难的能力，等等。有了这些能力，我们将来才能够创造属于自己的财富。所以，要想知道谁才是我们同学中真正富有的人，就用我们的能力来比一比吧。

当然，在生活中，羡慕他人是每个人都会有的一种心理，也是我们生活中不可缺少的。因为它给予我们前进、奋斗的动力。举一个简单的例子，有的同学或许会羡慕能随父母到国外旅游的同学。这个时候，如果我们能把对他人的羡慕转化为自己的奋斗目标，转变为我们自己要出国深造，还要带自己的父母到国外旅游的美好愿望时，这样的羡慕就能够促使我们不断进步。相反，如果我们仅仅停留在羡慕他人的水平上，而不能转化为自己内在的动力，就会在这样的比较中迷失自己。其结果将导致我们心理的不平衡，去埋怨别人（比如父母），甚至还可能因此去破坏、抢夺别人所拥有的东西。最终的结果是，我们个人的成长将停滞甚至倒退。

除此之外，我们还应该看清楚电脑和我们之间的关系，并学会怎样利用电脑。其实，同学家里的电脑和这位同学妈妈单位上的电脑都不是我们的，都属于我们的父母或者父母的单位，它仅仅是我们借来学习的工具。因此，真正有差别的仅仅是距离，一个离自己近，一个离自己较远，仅此而已。有时候，稍远的距离反而能让我们更用心，把事情做得更好。古人就已经告诉我们："书非借不能读也。"意思

是，一个人很好学却没有钱买书，要向别人借书来读。正因为书是借来的，我们更会逼迫自己抓紧时间尽快读完，并把书中的内容牢记、理解。这样，学习的效率就提高了。因此，在这里，陶老师还要提醒我们那些家里有电脑的同学，要利用好电脑这个工具，用电脑时要目的明确，不要将时间浪费在无谓的事情上面。

因此，根据上面的分析，我们可以对处在类似烦恼中的同学提出3点建议：

第一，区分父母和自己所拥有的东西，把注意力转移到培养个人的能力上面来。个人能力的提高才是真正的有面子。

第二，看到借用电脑积极的一面。一方面，它能提高我们做事情的效率；另一方面，在借用的过程中提高我们的交往能力。对这位同学来说，到父母单位上去借用电脑，还可以认识很多的叔叔阿姨，这难道不是一件很好的事情吗？

第三，与妈妈心平气和地进行沟通，理解妈妈"吝啬"背后的用心。妈妈为什么不给自己买电脑，是不是怕自己迷上游戏或者有其他原因，在沟通中消除误会和消极情绪。

另外，在这里，陶老师还要对喜欢炫耀自己、嘲笑别人的同学说一句话：用父母的东西当作自己嘲笑他人的资本，这只能表明你自己是一无所有的，只会阻碍你成长。好好利用父母所能提供的条件，默默地、努力地发展和提高自己的能力，才是最重要的事情。

第七讲 怎样面对批评

真高兴，我们又在这里见面了。今天，我们的心理午会将给大家带来怎样的问题呢？让我们继续展开那些小小的纸片，感受上面的心灵之音吧。有一封来信是这样写的：

陶老师您好！我是一个经常被老师批评的孩子。3月15日的心理午会上，您读的是我的来信。我理解爸爸妈妈批评我是对我好，可是我是一个脾气暴躁的孩子。一听到批评，就把爸爸妈妈的本意全部都忘光了，还发起了脾气。陶老师，您有什么好办法吗？

同学们，你们是否已经听出来了，今天的这封信，和上周心理午会的来信是同一个同学写的，这让陶老师感到，我们的心理午会可真是越来越有意思了。我们的空中交流已经渐渐地互动起来，活泼起来，我们的探讨也在不断地深入。这难道不就是我们开展心理午会的目的和意义吗？

在此，陶老师想要对这位同学说两句题外话，首先，你很用心！你的来信虽然不过是两三行字，但你却用了一张很大很大的白纸来书写。这让我看到了你的用心。其次，你在成长着！虽然你前后写了两封信，但提出来的问题却截然不同，而且有进步，不知道其他同学是否已经听出来了呢？你们瞧，上次的问题集中在"冤枉"这个词上，这次他使用的是另外一个词——批评！这说明了什么？说明了这个同学理解了、听懂了我们午会的内容，变得越来越客观、越来越理智了。使用"冤枉"一词是完全否定和拒绝别人的想法，而使用"批

评"一词则是认识到别人的要求和愿望。因此，这也意味着这位同学和他父母之间更加亲近了。

让我们言归正传吧。这位同学在信里说："一听到批评，就把爸爸妈妈的本意全部都忘光了，还发起了脾气。"陶老师相信，我们在座的不少同学都会有类似的感受吧。那么，就让我们带着这样的感受和疑惑，一起进入今天午会的主题吧，那就是：怎样面对批评。

同学们，面对父母的批评，我们为什么显得如此急躁呢？原因究竟在哪里呢？

首先，因为我们太希望得到父母的肯定和爱，而不免泛化或误解了父母的言语和行为，可能把一般的评价也当作批评了。批评所指向的都是一些缺点和不足，往往会让人产生不满和抵触情绪；而评价，既可能是好的方面，也可能是坏的方面，是一个更为中性的词语，因而往往带给我们更多的思考：事情真的是爸爸妈妈所说的那样吗？事实上，当我们在说父母挑剔自己、批评自己的时候，能确保这就是事实吗？我们能确保自己对此没有任何的误解吗？因为太希望得到父母的爱，所以父母对我们的一点点批评，或者不带情绪的评价，在孩子的眼中也经常被放大、被误解。

其次，因为我们自我评价的意识逐渐增强，并且急于被人接纳。还记得吗？当我们很小的时候，我们多么渴望得到大人的肯定与表扬。得了小红花，能让我们欢呼雀跃；因为老师或者父母的一句表扬，能让我们兴奋一整天。老师或者父母的评价，简直就是我们做事的准则。可是，慢慢地，这样的外部评价开始让我们失去平衡了。我们怀疑它，不满它，我们甚至要发脾气来反抗它，这些都是由于一个共同的原因：随着年龄的增长，我们更喜欢自己评价自己！我们需要内在的评价！这当然是值得肯定的。但是，我们过于着急，一旦不能被其他人理解，便完全抛弃外在评价，马上要发脾气。正如在上一封来信中，这位同学说，他觉得自己的腰是直的，而妈妈却偏偏说是弯的。他一听到这样的批评，便要生气。其实，有自己的评价是好的，但是一个人的内在评价，是需要时间才能慢慢被人看到，被人理解的。在这个过程中，更需要我们的努力，同时，也需要我们参考外在评价。父母的阅历比我们多，比我们广，他们的评价更客观，更接近现实。因此，他们的评价是我们成长过程中必不可少的部分。

最后，还因为父母的评价有时也是矛盾的。我们的世界观最初是通过父母的评价形成的。但出于某些原因，他们有时会临时改变评价的标准，这种随意改动评价的行为会让人迷糊，它同时在无形中损害了我们对父母的良好印象，从而觉得父母不太可信，事事都要去和他们争辩一番。这样，我们和父母的关系就会变得紧张。是的，父母对我们的评价确实不能太随意，不能过于感情用事！只是，世界上又哪里有完美之人呢？这需要孩子们体谅。然而，更重要的是，这种偶尔的矛盾，并不意味着父母在每一件事情上都是如此，需要我们细细区分和理解，更不能以偏概全。

因此，根据以上的分析，当你们面对批评时，不妨尝试用下面的办法来帮助自己。

第一，转化那些使你生气、急躁的词语，把它变成中性词。例如，当你脑海中出现"他们批评我"，或者其他词语的时候，不妨把这些词转化一下，告诉自己，"这是爸爸妈妈的评价"。看看这是否能减少你的愤怒呢？

第二，让自己多思考一下父母的评价。我们不妨现在就试着来做

一做：闭上眼睛，回想你曾经听到的一句批评的话，然后想象你用手抓到了这句话，然后，慢慢地、慢慢地把这句话放到一个透明的玻璃瓶里，仔细地观察它。这时，你是否感到不那么急躁了呢？如果是这样，那就慢慢地睁开眼睛，然后把自己的评价也一同放进这个透明玻璃瓶里进行对照：为什么会有两种不同的评价呢？这次是谁的评价更合理呢？当然，你还可以请第三个人来评判。这样，一旦有了思考的时间，你就拥有了成长的空间。

第三，允许自己的评价暂时不被接纳，并通过努力发挥优势，用行动和事实来证明自己，从而最终被肯定、被认同。

第四，理解父母的矛盾，并看到父母的评价中积极的、正确的部分。最后，希望同学们能够通过自己的努力，做到让内在评价激发自己，让外在评价鞭策自己、勉励自己，从而成为一个优秀的人！

第八讲　老师对我公平吗

同学们，咱们在新学期又见面了，陶老师心里真高兴。但是，前些天陶老师收到了一位很伤心的同学的来信，这让陶老师不禁也感到难过。信是这样写的：

老师您好！我是一个活泼、好动的学生，学习成绩不错，但我发现老师有些不太喜欢我。我们班有个女同学，她瞧不起我，有一次在我写作业的时候对我说了一句脏话，我很生气，就打了她一下。我生来力气就大，结果就把她打哭了。她的朋友看到了就跑过来，把她扶到了老师办公室。老师听了她们的话，走到我面前，教训了我。我很伤心，为什么老师不批评她呢？我回头看了看她的表情，她很得意。我一下子觉得老师太不公平了，我觉得很伤心。这一年来我每天都很伤心。陶老师，您能帮帮我吗？

　　是啊，哪一个同学不希望得到老师的喜欢呢？如果感到老师不喜欢自己，对自己不公平，谁会不伤心呢？我想，在校园中，这样的伤心事也会发生在另外一些同学身上。那么，我们怎么来看待这样的事情呢？事情就真的像这位同学所说的那样吗？下面我们分别从同学和老师的角度来思考这个问题。

　　我们一起来分析一下，这位同学都具有哪些性格特点。这位同学在信中说，"有一个女同学，她瞧不起我""我发现老师有些不太喜欢我"。从这些话里，我们猜想他可能是一个敏感、特别在乎别人的评价的人。然后他又说，"我很生气，就打了她一下"，这是冲动的一种表现。"我生来力气就大，结果就把她打哭了"，这句话表明，他对事情的认识并不正确，用心理学的话来说，就是归因不正确，他把"别人哭"的原因归结为自己"生来力气就大"，却没想到力气大是后天可以改变的。在信的开始他就写道："我发现老师有些不太喜欢我"。这是一种消极的理解。其实他应该这样想：老师究竟是不喜欢"我"，还是不喜欢我的"某些行为"呢？遇到类似问题的同学，你们现在都可以在心里自问：老师究竟是不喜欢我，还是不喜欢我的某种行为？

　　根据以上的分析，我们可以发现这位同学直率而冲动，细心而敏感，而且在认识上有一定的局限，同时他可能也不太理解老师，没有

与老师进行过很好的沟通。那么，老师究竟是怎么看待这些问题的呢？他们究竟是不是真的"偏心"？同学们，你们想不想知道呀？

陶老师和同学们一样，也非常想了解老师究竟是不是偏心。所以，陶老师就随机访问了学校的几位老师。结果还真让陶老师大吃一惊：原来我们的老师都"偏心"。不过呀，这个"偏心"是打了引号的，因为老师的"偏心"有时是一种教育方式。

学习态度认真、乖巧、善解人意的学生谁不喜欢？这点，陶老师也是赞同的。同学们，你们是不是也喜欢学习认真、成绩好、善解人意的同学，愿意与这些同学做好朋友呢？我想百分之百的同学都会举手赞同的。因此，如果你希望老师偏心于你，你是不是该拿出实际行动，来获得好成绩或者取得进步呢？

有时，老师不能不"偏心"。例如，某个成绩不好的同学在学习上有了进步，老师就会在课堂上有意无意地多鼓励他、表扬他。与此同时，老师可能会故意冷落某些骄傲、自大的同学。因此，即使是两个同学表现出一样的行为，老师的态度都会有所不同。这看起来好像不公平，但实际上是老师灵活处理事情的一种方式。在老师的内心，他们希望能帮助同学认识到自己的优点和缺点，从而让大家不断地取得进步。我们老师埋藏在心底的这份期望和心愿没有任何的私心，更没有任何的偏心，是老师对你们的公平所在！无论你的性格是开朗还是内向，无论你的成绩好还是不好，老师对你们的期望和心愿都是一样的，是平等的。

当然，即使是这样，在极少数的时候，老师也会使用一种简单处理矛盾冲突的方法。例如，老师在没有完全明白事情来龙去脉的情况下，就对事情下判断，这是老师在非常忙碌时，根据以往经验而使用的一种办法。经验并不总是对的，因此，这个时候老师并不能将问题处理得很正确。老师并不是圣人，他们也有出差错的时候。但是，同学们应该看到，这种差错在我们校园中极少出现。

那么，根据陶老师刚才的分析，接下来我们该怎样去做呢？

首先，使用有效的句子，来帮助我们纠正认识上的偏差。如果你的脑海里出现"某某老师不喜欢我"的时候，我建议大家把它改成另外一种句式："老师是喜欢我的，但是他不喜欢我冲动的行为"；"其实老师是喜欢我的，他只是不喜欢我上课乱说话的习惯"。这样的方法是很有效的，大家不妨私下练习练习。

其次，学会与老师沟通。我们可以把与老师沟通的方法，概括为两种。第一种，鼓足勇气走向老师，最简单的办法是主动向老师问好。看见老师，主动走上前去说声："老师好！"或者是微笑着点点头。这就是无形中尝试了一次成功的师生交流。敢于开口是很重要的，因为一开口，就会有交流的基础和空间。第二种，选择恰当的方法与老师沟通。在语气上，应少使用反问句，少用"你"，多用"我"或者"我觉得……"的词句，同时多使用商量的口气，如"我希望您能够"等等。在方式上，除了当面谈话外，还可以通过写作文、写信等其他方式与老师沟通。

最后，理解老师的期望和心愿，并以积极的心态看待老师工作中偶尔出现的疏忽。老师确实也有出错的时候，这时，我们仍然可以把它看作一种机会，考验自己承受委屈、有效化解误会的能力的机会。因为，这是我们每一个同学在成长路上都要经历的、承受的，而我们每一个人正是在学着处理矛盾的过程中慢慢长大的。当我们能够做到以上三点的时候，我相信，那种不公平的感觉就会悄悄地消失。其

实，其他老师和陶老师一样，是爱着我们每个同学的，让某些同学感到不公平、感到伤心不是老师们所希望的。我相信，在同学们努力的同时，我们的每位老师会不断地思考和完善自己的工作方法，使得每个学生都能健康、快乐地成长。

第九讲　遗憾的百合

同学们，在你的成长过程中，你曾有过让你感到无比遗憾的事情吗？你可能在比赛中没有获得好成绩，也可能是准备好的节目却临时取消了……除了这些，陶老师知道，还有一种这样的遗憾，它来自一个即将离别的时刻：因为某些原因，自己一直以来的愿望最终还是落空了，而此时不可能再有弥补的机会。它常常都在我们同学身上发生。每年一到毕业季，陶老师都会收到来自毕业班同学的来信，信中所透露出的满腹悲伤，让陶老师内心也深深地为这些同学感到遗憾。与此同时，也为其他的同学感到担忧：明年的今日，是否还有同学将重复这样的遗憾，这样的悲伤？他们怎样才能带着幸福、带着微笑自信地前行？所以，今天，带着一封来自毕业班同学的来信，我想要特别地和这些即将离开母校的同学们做一次对话，同时也想要和正在成长、带着美好心愿继续奋斗的同学做一次对话。

这是一封怎样的信呢？它所要讲述的是一种怎样的遗憾呢？让我们打开信，一起进入今天的午会主题：遗憾的百合。

来信是这样写的：

陶老师您好。您应该知道全校都要填写评选小百合的综合评定的卷子。给我评的是我们班的队委。只要得了三个以上的百合奖就可以参加竞选"校三好"。可他只给我评了一个百合奖，我很想哭。可我想不能在学校里哭，这太丢人了。所以我回到家里才放声大哭，因为我觉得他是队委，所以就给他评了较高的分数。可是他已经是"校三好"了。我觉得他是公报私仇，因为我和他后面的那个女生一直捉弄他。陶老师，马上要毕业了，他就不能给我个机会吗？而且我从一年级到六年级都没有当过"校三好"。我已经不奢望当"区三好"，只求有一个机会，为什么他不给我这个机会呢？我好伤心哦。我又不知道该怎么对老师说。难道我对老师说，他乱打分，要求老师让他重打吗？老师肯定会批评我的。陶老师，您说我该怎么办啊？

最后，他在信中说："我不会来取回信的。请您在广播中回答。谢谢陶老师。"

读完了这封信，陶老师想到了许多许多。但首先我要感谢这位同学，感谢他把内心的想法告诉我，让我们能够在这里陪着他、陪着我们遇到类似困难的同学，走过这一段艰难的心路历程；同时，他不仅说出了许多毕业班同学的心情，也提醒了我们没有毕业的同学。他提出了一个值得每个人去认真思考的问题：为什么会有遗憾，我们怎样做才不再有遗憾。

那么，我们为什么会有这样的遗憾呢？这位同学为什么最终没有被评上"校三好"呢？我们从来信中可以看出他所总结出的两点原因：一是马上要毕业了，队委却没有给自己一个机会；二是自己平时爱捉弄别人，给别人留下了不好的印象。

是的，遗憾来自于别人没有给我们机会，来自于当时我们没有好好对待别人，但是他似乎忽略了最重要的一点，那就是遗憾其实更是来自于自身。他在来信中说："我从一年级到六年级都没有当过'校三好'。"那么，陶老师很想知道的是，这位同学在二年级、三年级，甚至四年级、五年级落选的时候，心里是怎样想的呢？自己又在行动上做了哪些努力呢？为什么让遗憾一直持续到毕业的时候呢？

我想，或许他以前从来都没有意识到，这样的评定对他来说有什么意义。更有可能的是，他并没有意识到，自己日常的行为其实就是在为自己打分。这使得我想起了以前听到的一个故事，名叫"盖自己的房子"。

从前有一个老木匠，他一辈子都为别人盖房子，也获得了好名声。他的手艺精湛绝伦，方圆几百里都很有名；他的态度，精益求精，方圆几百里都很有名；他的认真，一丝不苟，方圆几百里都很有名。他干了一辈子，老了，累了，想退休了。他向老板提出，想要回家去享受天伦之乐。老板舍不得他走，有心要挽留他，就问他是否能帮忙再建一座房子。老木匠说可以。但是，大家后来都看得出来，他的心已经不在工作上，他用的是软料，出的是粗活。房子建好的时候，老板把大门的钥匙交给他说："这是你的房子，是我送给你的礼物。"

老木匠惊得目瞪口呆，也羞得无地自容。如果他早知道是在给自己建房子，他会做得这样草率吗？可是现在，他不得不住在他自己亲手建的一座粗制滥造的房子里。

　　每次读完这个故事，我心里就会问自己，我要为自己盖一座怎样的房子。所以，同学们，在这里，陶老师也要请你们问一下自己，你要为自己建一座怎样的房子？而你又将怎样去建造你的房子？有时候，我们不愿意一遍又一遍地检查作业，觉得那是琐碎、无用的事情，甚至觉得是父母、老师在为难自己。孩子们，我想问问你们，要是你们知道，这其实是在为自己做事情的时候，你们还会那么马虎，那么敷衍了事吗？房子建得好不好，建得漂不漂亮，完全看你做每一项工作的认真程度，因为你才是房子的主人，也是最后住在里面的人。而老师、父母是帮我们扶着柱子的人，因为等快完工的时候再纠正，就来不及了。所以，遗憾来自于我们自身的态度。

　　遗憾还来自于我们不能正确对待他人的评价。在这封来信中，这位同学提道："因为我觉得他是队委，所以就给他评了较高的分数……"陶老师对此感到很疑惑，也很想再次问一问同学们：你们在评分的时候，头脑里清楚它的标准是什么吗？其实老师让我们每个同学都当评委，是为了让我们更清楚评价的标准是什么。如果我们想获得这样的评价，该怎样去做。一旦我们忽视了这样的标准，凭感情随意地评价，我们就失去了标准，也就不能用评价标准来督促自己。

　　遗憾总让人感到难过。那么，怎样让自己不再有遗憾呢？

　　首先，为自己建房子，做房子的主人。换句话说，自己做自己的主人。要担当起主人的责任，做好每一件事情，认真对待每天的生活。

　　其次，正确对待他人的评价，并且用好你手中的每一次评价权利。

　　最后，让这次的遗憾成为下次努力的方向和动力。用我们中国人

常说的一句话，那就是"革命尚未成功，同志还须努力"。

我很理解毕业班同学的这些遗憾，我也知道他们还有其他的遗憾。可是，我想要告诉大家的是，没有关系，有暂时的遗憾真的不要紧，要紧的是不让我们一生都遗憾。这样的历程，也是你们人生中的一个重要部分，有遗憾才会有思考，才会有更大的动力。所以，如果有些遗憾现在已经无法弥补，那就让它过去，并把它作为你建造房子中的一个部分；如果还可以弥补，那么就赶快行动起来，不让自己遗憾。同时，也请我们其他年级的同学，用自己的双手、用自己的心灵，去为自己的"房子"添砖加瓦。最后祝愿，每个有心人都能盖起一座属于自己的"房子"。

第十讲　不想长大

同学们，下午好。时间过得可真快，不知不觉又来到了这学期的最后一次心理午会。那么，今天我们将会有一趟怎样的心灵之旅呢？

上个星期，陶老师收到了一个同学的来信。在信中，这位同学告诉我，她不想长大。真的如此吗？那么，她为什么不想长大呢？让我们打开来信，一起来进入今天的午会主题：不想长大。

来信是以一首歌词开始的，也许同学们对这首歌都非常熟悉：

"我不想，我不想，不想长大，长大后世界就没有童话……"

在我的心中，这是一首最美的歌，并不是因为它的旋律优美，也不是因为它的歌调舒畅，而是因为它表达了我现在的想法。你肯定会疑惑不解，那就听我慢慢道来吧。

我是一名即将升入初中的小学生。如果你要问我最近的想法、心态，我只能这样形容：忧愁、委屈、害怕。你听了千万不要吃惊，让我给你解释吧。

忧愁，是什么导致了我的忧愁？我也在寻思着这个问题。最近，周围的一切确实改变了许多。每天回到家里，一张张早已经准备好的试卷"笑脸盈盈"，把疲劳中的我随后"拉到"题海战争上，我只好"全副武装"起来，一个一个地把它们艰难地消灭。做完后，还要听着糟糕的分数，最后再倒入梦乡。啊，我此时正在梦境里唱着这首《不想长大》。

委屈，是什么导致了我这样的委屈？我也在寻思这个问题。最近，周围的一切确实改变了许多。慈祥的爸爸妈妈变了，变得严厉了，变得刻薄了，变得无情了。我虽然很委屈，但爸爸妈妈都是为了我好，我又能怎样呢？他们整天拿我跟其他的同龄孩子比这比那，觉得我的一切都很差。在学校班级里，我也算是一个较好的学生，但在父母的眼里，我却只是一个不懂事、贪玩的笨女儿。以前每一次回家，我都觉得与爸爸妈妈坐下一起吃饭是一件幸福的事情，可现在我最烦跟他们一起吃饭，因为爸爸总是会在我耳边喋喋不休，说我这里差那里差。饭感觉苦了，菜也感觉不可口了。我心里默默地唱着那首《不想长大》。

害怕，是什么导致了我这么害怕？我常寻思这个问题。最近，一切都变了。做了这么多的题究竟是为了什么，听妈妈多次教育我是为了什么，那当然是为了考试。毕业了，每个人都希望自己能考上一个好的初中。我也不例外，试想一下，如果考砸了怎么办？怎样去面对

爸爸妈妈？我只有默默地唱着《不想长大》。

虽然我不想长大，但还是要去面对，我又能怎样？啊，我不想，我不想，不想长大，长大后世界就没有童话。

这是一个孩子的呼声。希望陶老师一定要公开，因为这是我最后一次在母校听广播。

收到这封来信后，陶老师马上下载了来信中所提到的这首《不想长大》，反反复复地听，"不想长大"这四个字，一直回响在我的脑海中。这是一种渴望啊，渴望着单纯的童话世界，渴望着温暖的怀抱。可是，长大却是不可回避的现实，成长过程中所遇到的忧愁、委屈和害怕更是每个人都要走过的心路历程。陶老师知道，在我们毕业班同学中，有许多同学都像这位写信的同学一样，对大量的习题感到忧愁，对家长苛刻的要求感到委屈，对不能确定的未来感到害怕与莫名的恐惧。特别是马上要进行期末考试了，我们一年级到五年级的不少同学，也同样产生了这样的情绪。

这种忧愁、委屈和害怕的状态，不仅存在于同学们身上，而且很多人在面临重要的考试或者考验时，都会感到一种压力，成人也不例外。老师上公开课、父母们接受上级的评估、运动员面临各项比赛，所有这些都会让人感到紧张、担心。这时，别人无心的一句话都可能让我们压力加重。陶老师只是想说，这是一种正常的情绪状态。

陶老师还要告诉同学们的是，这种忧愁、委屈和害怕不仅是正常的，而且大多数情况下也是暂时的。我非常欣喜地看到，我们大多数同学都已经走出了这样的迷惘状态，开始积极地憧憬美好的未来了。中学里，我们将交到更多、更好的新朋友，有可能遇到更多学识渊博的老师，父母也会因为我们能力提高，而给予我们更大的生活空间和自主权。我们可以更自由地施展自己的才华，给自己和别人带来更多的快乐。事实上，给我们来信的这位同学也已经在慢慢地实现这种转变了。她写这封信，本身就表明她在想办法走出困境。她已经长大了。

是的，每个生命其实都在向往着长大，都希望让自己的生命绽放绚丽的光彩。因此，即使历经艰难，也不失掉对未来的憧憬。让自己成为一棵参天大树，才是我们每一棵小树苗内心最深切的梦想。

曾经有一个小朋友给我出了一道这样的题：为什么城市的树木普遍都长得不高，而森林里的树木都长得特别高呢？同学们，你们能找到答案吗？当时陶老师想了很久，都没有回答上来。最后，这个小朋友得意地告诉我，那是因为森林的树木很多，它们要获得充足的阳光和雨露，就要拼命地往上长。所以，森林里的树木都很高。

这个回答让陶老师吃了一惊，这是一个多么漂亮的答案啊！这就是成长。没有园林工人的精心管理，历经狂风暴雨，却长成了一棵参天大树。为了拥抱它所喜爱的阳光，为了接受它所向往的雨露，它努力成长，而这就是成长的力量啊。也正是因为这样，我们的森林里才有了一棵棵挺拔的参天大树。

所以，并不是同学们真的不想长大，而仅仅是因为同学们遇到了暂时的困难，就好像森林里的树木遇到了狂风暴雨一样。这样的困难可能来自于外部环境，也可能来自于自身。从这封信来看，她难以承受升学前的考试压力，可以被归结为以下几个原因：

第一，升学带来过大的压力。不能否认的是，现在的考试压力比起以前确实增加了。

第二，父母对我们一些不正确的评价。过于注重与他人的比较，确实会给我们带来很大的压力。

第三，自己平时没有主动吸收成长所需要的养分，以至于面对困难时抵抗力不足。很多时候，我们同学并没有意识到，要随时从生活中吸取必要的经验和教训，要主动争取各种机会来锻炼自己。同学们，你们知道吗，很多时候，我们埋怨天气太恶劣，常常是因为我们的抵抗力太差，而我们埋怨学习太难、作业太多，常常是因为我们的方法太少。

所以，为了应对这些困难，我们需要像森林中的树木那样，做到：

第一，用乐观、坚强的态度来面对环境的压力。当你期待着美好未来的时候，你现在就只需要坚强。积极地想办法来管理自己的时间，与父母一起，科学地安排复习时间，包括学习与休息时间。

第二，用积极的心态看待自己，看待外部评价。在这个特殊时期，父母也可能会失去常态，对我们提出过高的要求。我们要学会辨别出这些评价中消极的因素，树立起积极的自我。在这里，陶老师很想告诉这位同学，如果把这封来信看作一篇文章的话，那么，陶老师将会为你打上满分。因为你写得很漂亮，而且表达了你的真情实感。此外，书写也非常工整。

第三，多与同学、朋友和长辈交流、分享你的感受，说不定能从他们那里得到一些意想不到的启示。

有一首歌叫《我怎样长大》，歌词是这样写的："小树问蓝天，我怎样才能长大？蓝天笑盈盈，它轻轻来回答，不怕风沙，不怕雨打，越过春夏秋冬，这样就会长大。"在这里，我衷心祝愿我们毕业班的同学能像歌词中的小树一样，带着坚强，带着积极进取的精神面对考试，升上理想的中学，勇敢地继续前行。也祝愿我们其他同学带着坚强的精神，迎接成长中的每一天，愿你们都成为森林里的参天大树！

第十一讲 我怕黑

很高兴又来到我们周二的心理午会。我是你们的朋友、心理健康室的陶老师。接下来我们要进行交流的是一个关于怕黑的问题。近段时间，有不少同学给陶老师写信，反映自己在这方面所遇到的困惑和烦恼。那么，他们的烦恼是什么？你有没有这方面的烦恼呢？你又有没有应对怕黑的好方法呢？让我们先来看看一位同学的来信：

陶老师，我有一个心结：不知道为什么，反正我很怕黑。每次黑夜，只要是我独自上楼，我就会想起一些让人害怕的鬼故事或者一些吓人的话。即使我不想再想这些，却怎么也忘不了！有时晚上到一两点也睡不着觉。

我知道，鬼是不存在于世界上的，我在五年级时也学过"你越怕鬼，鬼越不怕你"。现在我内心好害怕，陶老师，你都帮帮我吧！

同学们，你们有过跟这位同学一样的烦恼吗？上周四陶老师在我们学校的心理小助手中做了一个小小的调查，结果发现，他们中的很多人也都遇到过这样的问题，甚至现在还有个别的心理小助手为此感

到烦恼。看来，怕黑怕鬼是一个小孩子甚至不少大人都会有的一个普遍的心理现象。但是，对于某些同学来说，怕黑怕鬼的程度比较严重，例如来信的这位同学，因为害怕，所以晚上一两点都睡不着觉，他的学习也因此受到影响，甚至一些平时敢去做的事情现在也不敢做了。我知道有些人因为过度害怕，结果哪里都不敢去，门都不愿意出，非常严重地影响了日常生活。所以我们有必要来了解一下我们为什么会产生怕黑怕鬼的心理。

随着我们年龄的增加，我们会越来越清楚，世界上是不存在鬼的。可是为什么我们脑海里有这么多奇奇怪怪而且还挺吓人的东西呢？其实这都是我们想象产生的结果。什么是想象呢？想象能让我们把一样东西看成另一样东西，能把衣柜想成山洞里的怪物，能把普通的树木想成一个站着的人，能把风声想成一个人的哭声，等等。当夜晚来临，看不清楚外界事物的时候，我们每个人的安全感就会降低，心里就会变得格外警惕，总担心自己受到伤害。所以，想象这些鬼怪等可怕的东西其实是一个人产生警惕的表现。

有同学可能就会想，要是我没有想象就好了，就不会想到这些可怕的东西了。如果你这样想，那可就错了。因为，丰富的想象力是孩子们最美好的东西。想象能让我们画出美丽的图画，让我们能与故事中的伟人名人进行心灵的交流，能让我们写出优美的诗歌，还会让我们创造出新发明呢！所以，虽然有时候我们会想象一些可怕的东西，但是更多时候，我们的想象是为我们生活服务的，例如画画、讲故事等。所以，我们要学会去驾驭自己的想象力，而不是被想象力驾驭。

其实，大人以前也会怕黑，陶老师小的时候也怕黑。有一次，我晚上起来上厕所，一边走一边哆嗦。突然，我听见厨房传来一阵窸窸的翻东西的声音，吓得我马上就跑回房间，再也不敢去上厕所。可是，却一直睡不着，总想着那个声音，觉得鬼怪或者小偷马上就要找我了，心里怕得要命。后来我想起爸爸说过，这些可怕的东西是不存在的，都是我们自己想出来的。我心里想，也许真是我自己想出来的，那么我应该去看看是怎么回事。于是，我把我的姐姐也喊起来壮胆，两个人打着手电筒，朝厨房的方向走过去，当时紧张得心都快要跳出来了。结果，我们看到的是一只老鼠在厨房里，正在津津有味地吃着从垃圾箱里拖出来的食物。这下，我才放心地睡觉，心里再也没有想着那些可怕的东西了。

现在，我对世界的了解越来越多，对于类似的现象也不再感到害怕。因为我知道，看起来很神秘的东西背后一定有它合理的原因。而那些鬼故事，其实都是人为编造出来的，目的就是通过制造紧张的气氛、恐怖的镜头来让人感觉到刺激和惊险，让人害怕。有些同学以为可以通过看鬼故事书来锻炼自己的胆量，结果不仅胆量没练成，反而被吓破了胆，而在心里留下了阴影。其实真正的胆量是通过做事情，通过更多的实践并且长期积累后练就的。

现在，你们对于怕黑怕鬼是不是有新的认识了呢？是不是从中感悟到一些什么了呢？

对于那些现在为这个问题感到烦恼的同学，陶老师有以下几点建议：

1. 怕黑、怕鬼、怕其他东西，其实是我们想象出来的，这是一种普遍现象，是几乎每个孩子在成长过程中都会经历的。因为我们还比较弱小，不够强大，很多事情也不在我们的掌控之中，我们就很自然把一些不能解释的现象归结为鬼怪这样的力量。

2. 要减少接触相关的书籍或者影视节目。我们之所以想到鬼故事、野人、外星人什么的，是因为白天接触到了这方面的信息。例如，阅读了关于鬼故事的书、科幻书籍，或者听到了周围的同学在谈论这样的故事，晚上就会很自然地朝这方面去想象。减少接触，是解决这个烦恼的一个重要法宝。接触少了，慢慢也就忘了。

3. 害怕的时候找另一个人或者一本书来给自己作伴。身边多一个人，想象就会减少一分，害怕就会少一些。睡不着的时候还可以看一些幽默的、搞笑的书或者漫画，让自己放松下来。

4. 我们的同学要在对世界、对日常问题的探索中培养自己的勇敢精神，这是最重要的一点。有不明白的问题、不明白的事情要像一名科学家那样，想方设法去了解清楚，揭开事情的真相。你了解的真相越多，你就会越勇敢，你就越不会怕那些虚无飘渺的东西。

5. 从日常生活中锻炼自己求真和勇敢的精神。你可以尝试做一些平常让你害怕的事情，例如，做错事情要有勇气主动认错，不推卸责任；一些害怕老师的同学，可以从与老师打招呼开始、在老师的课堂中积极发言、主动帮老师分担班级事务等，克服对老师的畏惧心理。千万不要再想着通过看一两本鬼故事书来锻炼胆量。这种方式对于锻炼胆量是没有任何帮助的哦。

第十二讲　心里想着一些可怕的事情

老师们，同学们，大家下午好。很高兴又到了我们周四的心理午会时间。今天午会的主题是：心里想着一些可怕的事情。

在以往的午会中，我们经常选取高年级同学的来信进行分析和解答。不过，今天，我们选取的是来自我们低年级的同学的来信，但这绝不意味着信中提到的问题在高年级同学身上就不存在。我相信，这个问题是每个人或多或少都曾经遇到过的，也许，直到现在，我们还有些同学都没有很好地解决它。那究竟是一个什么问题呢？我念完这封信，你们就知道了。

这封信的内容不多，仅有一句话。来信是这样写的：

晚上我心里想着一些可怕的事情，老师，你帮我一下吧。

虽然这封信只有一句话，但它反映的是一个很基本、很常见的问题。怕黑、想到一些可怕的事情，这是每个人都曾经有过的体验和经历，但并不是每个人都能够战胜它。如果我们不能摆脱它们，它们就会像影子一样缠着我们，消耗我们的能量。更严重的是，它还会影响我们正常的学习和生活。正因为这样，今天，借着这封来信，我们一起来谈谈关于"晚上怕黑、会想着一些可怕的事情"这个重要的话题。

现在，让我们先来分析一下这类同学的处境，这可以从来信中的两个关键词中反映出来，那就是"晚上""可怕"。也就是说，一到了晚上，这位同学的脑海里就会不由自主地想到一些可怕的事情，这让他感到害怕，甚至恐惧。也正是由于这种害怕，促使他写了这封来信。

那么，究竟是什么原因导致了他产生这样的心理呢？

首先，这是人类的本能所导致的。这种本能指的是对夜晚、对黑

暗的恐惧。

同学们，你们知不知道为什么人们容易在晚上想到一些可怕的事情呢？那是因为白天有太阳，它照亮着世界上的每个角落，能够让我们看清楚周围的一切。而一旦太阳落山，光线逐渐消失，一切都被笼罩在一片黑暗之中，我们不能或者不容易看清楚周围的一切事物。这个时候，我们就会产生一种非常有意思的心理现象——我们的脑海里会很自然地对它进行想象。可以这么说，哪里有黑暗，哪里就有想象。

我们可以来做一个很简单的实验。请大家闭上双眼，这个时候你的眼前是一片黑暗。注意，不要发出任何声音，一秒，两秒，慢慢地，你的眼前就会渐渐地出现一些画面、一些场景。这，就叫作想象，是你眼前没有的东西，却出现在你的脑海里。

现在，你们知道了，越是黑暗的地方，越是不熟悉的地方，越会令人产生想象。这就是为什么一个人在夜晚独处的时候容易胡思乱想的原因。

也正是因为这样，对夜晚和黑暗的害怕，是每个人身上或多或少都会发生的。但为什么在某些同学身上又会显得特别的强烈呢？

这是因为，这种情况的发生还由我们周围的人对待我们的态度所导致。

有时候，大人们为了吓唬孩子，不让他做一些事情，就会利用孩子所不了解的一些人或者事物来吓唬他们。例如，有些父母对自己的孩子说："你再不乖乖听话、吃饭，待会儿那个怪兽就会来找你了。"或者是："你要是不听话，到处乱走，一会儿让街上那个疯子把你抓走。"这样做的后果就是，孩子就会对一些不了解的、看不见的东西或人感到害怕。久而久之，就会形成条件反射，一到了晚上，当我们真的看不清楚周围事物的时候，恐惧就自然而然地产生了。

当然，现在的一些电视节目或图书，为了增加刺激性，也会将鬼和黑暗搭配在一起。于是"鬼"和"黑暗"这个固定搭配在我们心里留下深刻印象，加深了我们对黑暗的恐惧感。

现在，你们就可以理解，原来不是我一个人才会害怕，每个人都或多或少有过这样的害怕经历。因为我们不了解事情的真相，也不能确定事情是不是真的会发生，所以才感到害怕。

这样一来，你是不是就可以找到一些方法来克服这种害怕了呢？我这里有四种方法，可以帮助你赶走晚上的害怕。

1. 了解并记住一些黑暗中发生的快乐的故事。

你们知道吗？夜晚也并不总是黑暗的，让人害怕的。很多时候，也会有一些让人感动的人，会发生一些美妙而动人的故事。记住这些人和故事，就能让你心中时时充满温暖和光亮。我这里就有一则关于圣诞老人的温馨故事要和大家一起分享，它的名字叫《不怕黑的圣诞老人》。

那是冬天的一个夜晚，天空中突然下起了小雪，一片片雪花天使穿着白色的纱裙，从高高的空中飘落下来，不一会儿，树枝上、房子上、地上都铺满了晶莹透亮的小雪花。这时，一位圣诞老人不怕天黑，坐着雪橇从很远很远的地方赶来，给小朋友们送来了一件件可爱的礼物。这时候小朋友们正在黑夜里熟睡着，做着香香的梦。第二天早晨，小朋友们醒来后，就发现了枕边的这份礼物，真

是高兴极了……

是呀，要不是晚上圣诞老人悄悄送来礼物，孩子们又怎么会有第二天早上的惊喜呢？这难道不是一个温馨的、让人期待的夜晚吗？

2. 多了解和探索你所不知道的事情。

既然未知的事情让我们感到害怕，那么，我们就要想方设法去认识它，看清楚它。其实，一旦我们了解了真相，我们的恐惧就会减少。而认识事物的最好办法就是通过科学的探索，你可以通过阅读科学读物，也可以和大人们一起亲自调查研究。"世界上真的有怪兽吗？""它喜欢吃什么呢？""它最害怕什么呢？"……你了解得越充分，掌握的信息越多，那么你心里的害怕就越少，就越不容易被别人的话所影响。

3. 少接触一些非科学的神秘故事或话语。

陶老师告诉你，这个世界上没有神灵鬼怪。如果有人用这个来吓唬你，你就要勇敢地对他说："你说错了，我不会相信的！"同时，你也要远离那些恐怖片或者内容粗俗的科幻书。这些电视或者书刊只会让你陷入无边的想象，增加你的恐惧，而不会教你科学地认识世界的办法。

4. 鼓起勇气，面对你害怕的东西。

我曾看见过一只猫，它全速奔跑，是为了躲避身后一边狂吠一边追逐它的狗。突然，猫一下子停住了，然后转过身，弓起腰，竖起全身的毛，露出利爪，并嘶叫起来。狗被吓到了，顿时停了下来，夹着尾巴，慢慢地退了回去。

你们看，在猫害怕并逃跑的时候，狗就会在后面追着攻击它；一旦猫不再害怕，勇敢地面对狗的时候，狗反而不敢攻击它，灰溜溜地逃跑了。

所以，只要我们鼓起勇气，不再害怕，那么你会发现，恐惧在那一瞬间转化成了行动的动力。而勇气，就表现在你转过身来面对恐惧的那一瞬间！

第十三讲　不敢举手发言

今天我们午会的主题是一个很常见的话题，那就是课堂发言。上个星期，陶老师收到了一封来信，信是这样写的：

亲爱的陶老师，您好。感谢您上次对我的帮助，之前的问题已经解决了。可是我现在又有新问题了，那就是，我在回答问题时总是心跳加速，非常紧张。我跟我妈妈讲，妈妈老是和我说，没关系的，这只是练习，没什么好紧张的。可是，以前我只是有点发抖，后来是心跳加速，现在是紧张还要捏东西。陶老师，请帮我一下，我是怎么了，要怎么减轻压力呢？

首先，很感谢这位同学给我写这封来信，让我有机会分担他的烦恼与忧愁。

其次，我想告诉这位同学，以及遇到类似问题的同学一个秘密，那就是其实陶老师收到过不少类似的来信。也就是说，很多同学都跟你们一样，遇到了在众人面前发言感到紧张和害怕的问题，写信来向

陶老师请求帮助。我还想告诉这位同学的是，其实，很多大人包括陶老师，甚至是一些大人物，也都曾经遇到过这样的困难。大家知道美国著名的总统林肯吗？他是一位非常伟大的政治家。可是，你们能想象吗，这么伟大的一个人，小的时候竟然口吃。显然，他的紧张可能跟给我来信的这位同学是一样的，甚至更加严重。可是，有一天他立志长大以后要当一名律师，从此他开始努力练习，改变自己口吃的毛病。最后，他不仅成为了一名律师，而且成为了美国人民爱戴的总统。所以，你们看，不敢举手发言，在别人面前说话结结巴巴是我们很多人成长过程中可能会遇到的一种现象。

我们为什么会紧张呢？一般说来，在三种情况下，我们会在公众面前感到紧张。第一种情况是曾经被别人嘲笑过。有调查显示，凡是有过被嘲笑经历的同学，他们再次举手发言的可能性会大大减少。还有调查显示，越是高年级的同学就越是不爱发言，因为他们更在意的是别人的看法和评价，而不是答案本身是否正确。因此，那些不爱发言的同学可能都会有类似的一些被嘲笑的经历。

第二种情况是锻炼的机会比较少，缺乏讲话、回答问题的经验。比如在课堂上，如果你很少回答问题，你就不知道别人能不能听懂自己表达的意思，也不知道别人对自己的发言有什么反馈等，所以心里总有些忐忑不安。一旦我们参加锻炼的机会多了，这种紧张的情况就会大大减少。

第三种情况是对自己没有信心，感觉自己不如别人。关于这种情况，陶老师曾经和大家分享过一个关于口吃的故事，不知道大家是否还记得。有一个年轻人，是一位军人，他有轻微的口吃，但是他的口吃有点意思，那就是，当他遇到比他地位越高、官衔越大的人，他的口吃就越厉害，相反，一旦对方的地位不如他或者官衔比他低，比如遇到了他的下级，那他可是一点儿也不口吃，说起话来口若悬河，滔滔不绝。所以紧张或口吃是对自己没有信心的一种表现。

现在我们再回到这封来信上。从这位同学在信里的表述中，陶老师觉上面的三种原因都有可能导致他紧张。或者有过被嘲笑的经历，或者缺乏当众讲话的经验，以及对自己不是太有信心。那么，同学们，你们觉得要怎样去改变目前的这种情况呢？

首先，自信心是最重要的。你们每个人都带着属于你们自己的特质来到这个世界，你们每个人都拥有独特的才能。在我们学校，我们的理念是，每个孩子都是百合花，都有自己的花期，也许你在这个艺术的领域开花，也许你是在学习的领域绽放，绽放的时间可能有早有晚，但是我们相信，只要努力，你们迟早都会迎来你们的花期。所以，我们的同学一定要相信自己，告诉自己，我很优秀，我很重要！

其次，我们要调整心态，多加练习。越是害怕，就越是要积极发言，锻炼自己的胆量。老师们会怎么看待你们的发言呢？对错是不是最重要的呢？我想代表我们附小的老师对你们说，你们参与学习的勇气和精神是老师们最欣赏的，也许会答错，但在老师看来，这真的不重要，重要的是你们不怕犯错的求真精神。当然，陶老师还要对每位同学说，你们耐心地倾听、鼓励的掌声对于发言者来说是非常宝贵的，一定不要吝啬你们的掌声和鼓励。这对发言的同学来说是一种支持，对你们自己来说也很宝贵，因为你们培养了自己赏识他人的好品质。

同学们，还记得刚才陶老师给大家讲过的林肯总统吗？他克服紧张的方法是什么呢？那就是多练习，他总是千方百计地争取让别人当

他的听众，给别人朗读一些经典作品或诗歌。最后，他不仅克服了口吃的毛病，还凭借自己的智慧和口才，成为了一位总统。你们想听一听他那充满诗意而又激情的演讲吗？在午会的最后，让我们来静静地聆听他人生中最著名的一段演讲——葛底斯堡的演讲。这个演讲的背景是，当时美国人正在经历着他们最重要的历史时刻——南北战争，在这最关键的时刻，林肯在葛底斯堡做了这场演讲，鼓舞人们为废除奴隶制度而战，为自由民主而战，最终实现了统一。让我们来静静地聆听这场决定了美国国家命运的重要演讲吧，也许我们完全听不懂英文，或者只懂得其中只言片语，但是，我们可以感受这场演讲中所透露出的语言魅力，以及感受这样的演讲给我们的心灵带来的影响。也让我们在聆听这场演讲的同时，扬起自信的风帆，走向属于我们美好的明天（放录音《葛底斯堡的演讲》）。

第十四讲　怎样才能追赶上班长

开学不久，陶老师就收到了一封要求公开的来信。来信是这样写的：

陶老师，您好！我有一个小小的心理问题，请您帮我解决，好吗？我们班的班长成绩优秀，又听话，是我们班的乖娃娃。我是个中等生，但我一心想追赶她，却每次都失败，还被同学们误认为我在做坏事。我想问问，怎样才能追赶上班长呢？谢谢。（公开）

同学们，听了这封来信，你是怎么想的呢？你有过跟这位女同学类似的经历吗？

我们可以从信中感受到，这位女同学不满足于目前中等的水平，希望自己更加优秀，这是一种积极上进的精神。同时，我们这位女同学能够由衷地喜欢、欣赏身边优秀的同学，这是一种健康的心态，是值得我们肯定的。

但是，有目标本来是一件快乐的事情，为什么这位同学还这么烦恼呢？她被困扰的原因在哪里呢？"我是个中等生""我一心想追赶她，但每次都失败"，从这两句话里，你读到了什么呢？

陶老师从这两句话中读到的第一点是，我们这位同学对自己的定位不太恰当。她是不是想说，她目前的学习成绩处于班上的中等水平呢？然而成绩中等，并不能因此就把自己划分为中等同学的行列。因为每个人都有自己与众不同的地方，有自己的长处。你可能在学习方面处于中等水平，但是在你善长的方面就是优等。就像《小熊一族》中的邓亚宁，他能准确地把一只逃跑的猪抓到，还能够准确地把新鲜牛奶挤到猫的嘴巴里。这是多么了不起的本领呀。正因为这样，我们在《小熊一族》里并没有看到谁是中等生，谁是优等生，而只看到了小熊国里各具特点的各种人物，是不是？所以，把自己或者他人划分为三六九等是不恰当的。我们需要看到自己的优点，当然，我们并不因此而妄自尊大，我们也需要谦虚，也要看到别人的优点，始终保持一种平和的心态。这是陶老师想要讲的第一点。

陶老师从这位女同学的来信中读到的第二点是什么呢？那就是我们的这位同学在追赶的过程中有些急躁和迷失。"一心想追赶她"，这句话给了你怎样的感觉呢？是不是让人感觉到她很急切地想要成为

班长那样优秀的人？可是，我们追赶的目的并不是为了成为班长，而是要做更好的自己。我们的成绩不可能在一夜之间突飞猛进，但是我们可以做到每天进步一点点。最重要的是，我们要能够享受到学习过程中的快乐，享受追赶过程中的快乐！

当然，除了前面的两点，我想，这位同学想要变成像班长那样的人，是因为想获得老师更多的关注和同学们更多的认可。其实，每个孩子都是通过家长和老师的眼睛认识自己的。也就是说，如果家长和老师关注自己，那么，孩子也会喜欢自己；反之，如果家长和老师忽视了孩子或对孩子的关注度不够，那么，孩子就会特别不自信，他也会忽视自己，甚至是不喜欢自己，就会一心想成为老师和家长关注的人，就会出现像给我们来信的同学的这种烦恼和困扰。所以，我们这位同学的来信其实也是给我们每个老师，包括陶老师提个醒，要关注平时表现不突出、看起来默默无闻的学生，把爱和温暖洒在他们身上，让他们感到自己也是很重要的，是班上、学校中不可缺少的一员。

通过以上的分析，我们找到了困扰这位同学的一些原因。那么，在平时的学习和生活中，我们应该怎么做呢？

第一，找到自己的优势和不足，但不要给自己或他人使用"中等生""优等生"这类标签。可以说，我在学习方面目前处于中等水平，我希望我的学习可以像班长一样好。也可以说，我在学习方面处于中等水平，但我的特点是，不怕吃苦、体育成绩特别好，或者我喜欢绘画，我下棋下得好，等等。这样的定位可以让我们始终保持一种积极阳光的心态。

第二，学习身边同学好的品质，并努力提升自己。我们追赶他人的最终目的是为了提升自己。所以，在树立目标的同时，在行为上也一定要竭尽全力、暗暗下功夫，一步一步地接近自己的目标，并能享受到其中的快乐。

第三，我们的老师应该多关注学习成绩处于中等的学生，帮助他们发现自己的闪光点，并展示出来。这很考验老师的观察力和教育能力，但是只要我们有这样的意识，就一定能做到、做好。不是吗？

第十五讲　我幼稚吗

大家中午好！很高兴又到了我们每周二的心理午会时间。我是你们的朋友、心理健康室的陶老师。今天午会的主题是：我幼稚吗？首先，请大家一起来倾听由三位小助手带来的心理情景剧：

陈： 曹清清，你在写什么呢？

曹： 我正在给《小小智慧树》栏目组写信呢。

陈： 重大消息，重大消息，曹清清看《小小智慧树》，还要给《小小智慧树》栏目组写信！

王： 啊？还给《小小智慧树》栏目组写信？我妹妹一岁就不看了！

陈： 就是就是。还看《小小智慧树》，你也太幼稚了吧！

王： 大家快看，黑板上写的是什么？（合）——曹清清看《小小智慧树》，好幼稚啊！

曹： 呜~呜~

陶：发生什么事情了？

曹：我说我要给《小小智慧树》栏目组写信，他们就说我幼稚，还在黑板上乱写。

陶：原来是这样。除了看《小小智慧树》，她生活中有没有什么行为让你们觉得她幼稚？

陈：让我想想……嗯，好像就没有了。

陶：判断一个人是不是幼稚，不能仅仅凭她看什么电视就得出结论，而是要看她日常生活中的行为，比如说与人相处的时候，是不是能够宽容别人，做事情的时候是不是认真、负责任，等等。

王：那她为什么要看《小小智慧树》呢？

陶：那是因为《小小智慧树》的呈现方式是她所喜欢的呀。由此可以看出，她是一个内心很单纯、很率真的女孩。重要的是，我们看到，这并不妨碍她与人交往，也不妨碍她正常学习。所以，这只是个人偏好有所不同罢了。

王：我明白了。曹清清，对不起，我们刚才不应该嘲笑你，请你原谅我们。

曹：没关系。我们都是好朋友。

谢谢这三位心理小助手给我们带来的心理情景剧。我想，它一定会给大家带来很多思考的。在昨天，我还就看《小小智慧树》的问题采访了德育处的周老师，她说："不能光凭节目的定位就说一个人是不是幼稚，而要看看电视的人的心理和视角，是不是抱着一种学习的态度。"她还说她自己有时也看《小小智慧树》，不过在看《小小智慧树》的时候，她关注的是主持人与孩子们是怎样互动的，还关注整

70

个舞台背景灯等。这让她学到了很多东西。

这让我想到了《小熊一族》，它讲的是小孩的故事，但是，不是说看它的人就一定是幼稚的、就是小孩。我们老师和同学都很喜欢看它，包括陶老师，每次给大家放片子之前，陶老师至少已经看了两遍了，而且每看一遍都感觉有很大的收获，学到了很多东西。所以，看什么不是最重要的，而是你带着什么样的心情和目的看，你从中又学到了什么。有收获才是最重要的！

当然，每个节目虽然有它自己的价值，但是也有它的局限。所以，为了让自己的视角变得更宽，让自己有更多的收获，我们的同学不能仅仅停留在某一个电视节目的学习上，而应该接受多种渠道、多种途径的学习。例如，参加心理午会；从《小熊一族》那里学习怎样与人相处；通过像我们今天这样的交流对话来讨论和学习日常生活中遇到的问题。因此，刚才我们心理情景剧中的同学也可以在看《小小智慧树》的同时，观看一些其他节目，这样一方面能与班上其他同学有更多的共同语言和交流，另一方面，也能不断丰富自己的内心世界，让自己越来越成熟，成为一个智慧的、包容的、有担当的人。

好，今天的心理午会交流内容就到这里，剩下的时间交给各班的老师和同学，就今天的主题内容进行反馈与交流，比如说说什么是幼稚和成熟？我们身边有哪些成熟的、有担当的行为，等等。感谢大家的倾听。

第十六讲　我究竟行不行

老师们，同学们，大家下午好！

今天我们要谈的是一个和自信心有关的话题。前段时间，陶老师收到了一封来信，信中是这样写的：

亲爱的陶老师，在我写这封信时，我有一阵心寒的感觉，因为我画画的水平不高，我的同桌经常取笑我，我心里很悲伤。尽管我的美术作业得了优星，但同桌还是要笑我。美术老师也不太重视我。有一天，班主任老师要选同学画星期三的黑板报，我犹豫地举起了手。没想到，班主任老师选中了我们组，又选中了我和另一个同学。我不敢想象，这个人怎么会是我？我的朋友知道我画画不好，不但不安慰我，反而对我做古怪的表情。我想说她，但是我没有这样做。因为她说的完全正确。我感到非常心寒，非常失望。

首先，非常感谢这位同学对陶老师的信任，他在遇到问题时能够寻求帮助，这表明他在追求进步。同时，他在来信中提到了许多值得我们思考和探讨的问题。我想问问大家，你们是怎么看待这封来信的？

郭：我觉得这位同学不是很自信。尽管他的作业得到了"优星"，尽管他被老师选去画黑板报，但是，他还是会因为别人的一两句话、一两个动作而感到心寒和失望。他太在意别人的看法了。

陶：那你们平时有没有遇到过这样的现象，就像来信这位同学描述的，当你承担老师交给你们的某些任务时，同学对你做一些古怪的表情？

叶：有的。有时候老师让我们上去讲个什么事情，当个小老师什么的，下来以后有些同学就会对你做怪脸、比手势，或用一种怪腔调跟你说话。

陶：那你是怎么看待这些古怪表情的？它会影响你吗？

叶：一般都不会的。因为我知道很多时候这些表情也只是一些玩笑，并没有什么恶意，有时候也许是他们心里有一些不服气，等等。而且，我知道重要的是我要完成老师布置给我的任务，我要考虑的是怎么把事情做好。

陶：郭同学，那你觉得呢？

郭：我和叶同学的想法差不多。当然，某些同学这样做，也许是因为他们从来没有过这样的经验。当他们也有这种机会的时候，他们自然就会理解，所以也不用向这些同学解释什么。当然，有时候，同学们的反馈也是一面镜子，使我们发现自己的不足，促进我们把工作做得更好。

陶：嗯，所以，我们要正确看待同学的一些言行，不要让他们过于影响自己，更不能简单草率地把对方的一些反应当作评价自己的客观标准。来信的这位同学在面对朋友对她做古怪表情时，他本来很想反驳，到最后却说朋友说得完全正确。我们可以看到，他内心是经过激烈的斗争的，只是当时没能坚持到最后，而错把同学的一个小小的行为当作对自己的真实评价。这真让人感到遗憾。

另外，我知道，在面对自我认识、自我评价时，我们有的同学还会受到老师的影响。这位同学在来信中提道，"美术老师也不太重视

我"，"班主任老师选中了我们组，又选中了我和另一个同学，我不敢想象那个人会是我"。我认为，既然他举了手，就应该想到他有机会会被选上。但是，当老师选他时，他反而觉得"不敢想象"。你们认为这是为什么呢？

叶：也许，在这之前，他有一种错误的印象，就是觉得老师每次都会选一些画画得好的同学。但是事实证明，他想错了。有时老师并不像他想象中的那样去思考问题。

陶：那在你们看来，老师是怎么想的呢？

叶：其实我觉得老师对每个学生的心都是一样的，关键看你自己的表现。你有一颗积极上进的心，并且把它表现出来，老师迟早都会感受到的。老师发现你有这方面的爱好和能力，就会让你承担一些任务来锻炼你。如果在这个时候，你把事情做好了，就会给老师留下深刻的印象，就会对你的能力有一种积极的评价。

陶：你说得很正确。不过，因为同学们现在还处于小学阶段，大家都还在自我锻炼中，很难说哪个同学能力非常强，哪个同学就不行。现在下定论还太早。所以，有一颗积极进取的心，就显得很重要。

郭：我想，这位同学的班主任肯定是从他的眼神中看到了他的渴望，所以给他机会锻炼。他可以抓住这次宝贵的机会来好好表现自己。第一次、第二次也许画得不是十分好，因为事情总有一个循序渐进的过程。但是，只要他用心去做，他的画一定会带来一种耳目一新的感觉。他可以用他的行动来证明自己。

叶：所以，对这个同学来说，真正能让他获得自信的是他手中的画笔，而不是别人的目光和安慰。

陶：说到这里，我就想起了我听到过的一个故事，也是和画画有关，想和大家分享。这个故事是这样的：

以前有一个女孩，她很喜欢画画，但是画得不好，她的同学总是嘲笑她。有一天，她问妈妈："妈妈，为什么我画不好呢？为什么画不好画，同学们就要笑话我呢？"她妈妈回答说："你不要去理会其他人的想法，你要相信你手中的画笔。""为什么呢？"女孩问道。"因为你喜欢它，而且必须相信它。如果你太过于相信别人的语言和思想，那么这支笔就只会是一个空壳。一旦你相信自己，相信你手中的这支画笔时，你就会明白画画的真谛。"小女孩似懂非懂地点点头，第二天，当她重新拿起画笔时，她明白了妈妈的话，她做到了！

很多年以后，当初的小女孩考上了有名气的美术学院。一天，同学问她，你为什么画得这么好？你以前一定画得很好吧？女孩摇摇头，说："不，我以前画得一点都不好。只是后来我相信了自己，相信手中的画笔。"后来，她画了很多名画，她的画被放在世界美术协会的展览区展览。她永远记得母亲对她说过的那番话。

陶：听了这个故事，再来看看给我们来信的这位同学目前的处境，也许我们又会有另一番感受。

叶：我觉得我们不要老是去想，为什么我总是得不到别人的赞扬和重视，为什么我总是得不到别人的安慰？我们需要用我们手中的笔去思考和创造。我们要相信自己手中的笔是有生命力的，只要我们的画笔一直在飞舞，我们就可以画出最生动的画来。

郭：我也想告诉这位同学，你可以把你手中的画笔当作你理想的

翅膀，让你的理想从这里开始腾飞。

陶：是的。信心不是天生的，而是在活动中不断锻炼出来的。每个人都应该把自己的目光和注意力放在手中的笔上，放在你所做的每件事情上。只要你真正喜欢它，那么它就会带给你力量，给你信心。在此，陶老师也希望每位同学能够给予身边同学更多的鼓励，因为你们一句鼓励的话，对别人来说是非常重要的。我们每个人都需要别人的支持和真心的帮助。

我想，我们每位同学心中都存在着一支神奇的画笔。如果你相信它，它会带给你最幸福的人生！

第十七讲　我评不上"新三好"

在今天的心理午会中，我们要和大家谈的问题是什么呢？这个话题大家都很熟悉，而且这两个星期以来一直牵动着很多老师和同学的心。猜一猜，是什么？那就是评选"新三好"。大家都知道，"新三好"是指好学生、好孩子、好公民。可以说，我们每位同学都在亲身体验着这场评选所带来的冲击波，体会着不一样的的内心感受。但其中有些感受是值得我们关注和深入分析的。接下来让我们一起进入今天午会的主题：我评不上"新三好"。有一封同学的来信是这样的：

陶老师，您好。我是一个成绩不是很好的学生。语文虽然作文不错，但字太难看了。素描画画得不错，但水彩不太好。总而言之，我样样都不行。家长和老师都骂我没出息，我又只有几个好朋友，又要竞选"三好学生"了，我很想得到一张奖状给家长看，但是我肯定选不上，陶老师，您能帮帮我吗？

在开学的第一天就收到了这样的来信，说真的，读到这封来信，我的心里有些难过。因为这封来信仿佛处处都在写着"我不行"这三个字。我想，这个世界上恐怕没有什么比这三个字更让人受打击的了。这位同学在写这封信的时候，心情一定非常复杂，他失落、悲伤，同时还很孤独。失落是因为看着别人在为这件事情忙里忙外，而自己却早已被排除在外。悲伤是因为觉得自己样样都做不好，家长和老师说自己没出息。孤独是因为不知道接下来该怎么做，对未来一片茫然。

这就是评选"新三好"给这位同学带来的真切心里感受。我想，与这位同学有类似感受的同学并不是少数。应该说，这种深深的悲伤和孤独不是评选带给我们每个人的应有感受，我相信它们是评选之外的东西带给我们的。究竟它们是什么？为什么会让我们产生这些感受呢？要解开这些答案，我们还得细细阅读和分析这封来信。

首先，这封信反映出这位同学能够积极认真地对待评选，并找到自己的一些不足。

从来信中，我们能看到，这位同学有一颗追求上进的心，因为他非常认真地对待这次评选，并从中认识到了自己身上有两点不足之处：第一点，成绩不够好。也就是说，自己的成绩还有待进一步提高。或许是没有找到好的学习方法，或许是自己还不够刻苦，总之，不管是哪方面的原因，提高成绩是他需要努力的地方。第二点，人际交往能力有待提高。来信中说，"我只有几个好朋友"。从这句话中

我们看到，这位同学已经认识到，"三好学生"并不是成绩好就可以了。要选上"新三好"，除了成绩优秀以外，还应该善于交往，有良好的同学关系、师生关系和亲子关系。

其次，这封信也反映出这位同学在认识评选上有一些误区，这是他产生失落、悲伤和孤独的最根本原因。

误区之一：用结果衡量一切，把他的自信心比没了。

这也是我们许多同学常常犯的一种错误，所以在这里我要特别提醒大家注意。评比本来是促使每个人进步的机会，但为什么我们有的同学一不留神就把自信心比没了，成了样样都不行的人了呢？其中的关键在于，这些同学用评选的结果来衡量一切！有些同学本来素描是不错的，本来作文是很棒的，但是因为没被选上"新三好"，就把自己在素描和作文上的优势和特长一并否定了，导致自己在评比中失去了自信。

是的，有时人们（包括大人）都会有这样一种印象，如果被选上，那么自己的优点才是真正的优点；如果没有被选上，那优点就不是优点了。这其实是一种误解，是不正确的。只能说，如果你没有被评选上，可能是你的优点还不够多，还没达到相关的要求，或者是你的优点还没有让足够多的人看到，还有可能就是定评价标准的人还没有考虑到你的优点！例如，虽然我的字不够好看，虽然我的水彩画不够好，但是我的素描不错，我的作文不错！而且，这是通过自己的努力得来的，无论评选结果如何，它们都非常重要，非常宝贵。我敢保证，它们还是你们未来幸福生活所需要的重要技能呢。所以，在面对评选时，不但要找到自己的不足，更要肯定自己的成绩和优势，这样才会越比越有信心，越比越有进步。

误区之二：混淆了评选与友情。

他说，"我样样都不行，我又只有几个好朋友"。这背后隐含着什么意思呢？那就是，其他不是我朋友的人就不会投我的票，我就不会被选上。在我们同学当中，有这种误解的不在少数。反过来，这恰恰说明我们在给他人投票时没有依据评选的标准，而是看与谁的交情好。我敢说，如果你这样想，甚至就这样做，那是非常危险的。因为你混淆了优秀的标准。准确来说，是你还不知道什么是真正的优秀品质。一个不知道什么是优秀品质的人，怎么可能让自己变得优秀起来呢？所以我说是危险的。那么，优秀的品质有哪些呢？它们是尊重他人、大方、宽容、能干、有特长，乐于帮助他人并主动与人分享，还能够自觉约束自己，知错就改。你们知道吗，除了平时要培养自己这些方面的品质以外，给他人投票也是一次难得的锻炼机会。如果你能在好朋友和其他候选人之间仔细思考谁具有更多的优秀品质，谁是你真正想要成为的人，谁是真正的学习榜样，并最终为那些真正具有这些品质的同学投上神圣一票的话，那么祝贺你，你往优秀的路上又迈出了重要的一步了。

是的，我们要学会正确面对各类评比，在评比中比出信心，并找到努力的方向。以下是我总结出来的四个方法：

1. 把不足变成下一步行动的目标。

就拿这位来信的同学举例吧，不是没有什么朋友吗？那么就把多交三个朋友设成自己这学期的目标。写字不是不好看吗？那么就每天练一篇字，把练字作为本学期的目标。这样，我们就找到了自己前进的方向，这样才会越比越进步。

2. 在评比中要肯定自己的成绩和优势，并继续努力。

比如给我们来信的这位同学，他在信中谈到自己的作文不错，那很棒，继续加油，提高写作能力。除了写好日常的每篇作文之外，还可以把好的文章投到各种小报上，让更多的人认识自己。另外，他还谈到自己的素描不错，那也很棒，就继续加油。加强这方面的练习，为自己、为父母或班级画出一幅幅生动素描画或漫画。

3．根据自己的实际情况，迅速地调整自己的目标。

评不上校、区"三好"，但我们可以努力争取更多的"百合奖"。事实上，这些"百合奖"更能体现我们的专项优势。

4．用发展的目光来看待自己。

成绩不好、水彩不太好，那只是暂时的。所以，在给自己评定时不妨加上"目前"两个字。"我目前成绩不好"，"我目前水彩不太好"，等等。多了"目前"这两个字，就意味着可能会改变，意味着"将来我的成绩可能会很好""将来我的水彩画可能会很棒"，这样，我们才会努力，才会对未来充满信心。

同学们，上面这四个办法你们记住了吗？每次评比都是让我们重新认识自己，看到自己的长处和缺点，让我们更明确自己的方向。当然了，不要忘记，生活中还有许多机会让我们认识自己，生活中也有很多事情与获得"新三好"同样重要，甚至更重要，例如，实现你自己的目标，把你的写作才能、绘画才能做到极致，给别人带来快乐。

当然，如果你现在具备了"新三好"的条件，那么为什么不向大家勇敢地展示你的风采呢？我知道今天下午要进行正式的演讲和竞选，在这里，陶老师希望同学们能够勇敢、自信地站到讲台上，展示自己最佳的风采，实现自己的愿望。

第三章

人际心理

　　现在的孩子是在成人目光注视下的玩具堆中长大的，他们大多没有兄弟姐妹。在进入学校之前，他们缺乏必要的"预习"。父母没有为他们设计足够的竞争与合作游戏。只有他们知道，学校中的同伴关系对他们来说有多么珍贵，同时建立这种关系又是多么艰难。所以，从情感上、认知上、技能上帮助他们建立良好的同伴关系，这对他们一生很有益处。

第一讲　怎样看待欺负行为

上个星期，心语信箱开放以后，我收到了许许多多同学的来信，这些来信提出了许多问题，有学习的问题，有家庭的问题。今天，我要在这里讲的一个问题是：怎样看待学校里的欺负行为，也就是身体强壮的同学欺负身体弱小的同学，男生欺负女生。在这里，我并不是要教给大家一些应对的方法，我只是想在这里说说为什么会有这些欺负行为，这些"欺负人"的行为背后，又有着怎样的意义，有着怎样的目的。

欺负人，就是一般同学说的，为了图一时的开心，而无缘无故地打人、骂人，而且有些时候下手还比较重，令同学身体上受到伤害。这种行为通常给弱小的孩子带来很大的烦恼，毕竟没有人希望自己常常被打，没有人希望自己被骂。那么，对于那些总是欺负别人的同学来说，是不是就达到了自己的目的了呢？其实并没有。

喜欢打斗，这并不是一个人生下来就如此，而是有着它特定的原因。心理学的研究表明，一个男孩子，在三至七岁的时候就特别喜欢打斗，喜欢摆弄一些木制的或者塑料的刀和枪，还常常自己发明一些东西作为打斗的武器。为什么会这样呢？因为从三岁开始，孩子们就已经有了性别意识，也就是说知道了这个世界上原来是分男人和女人的，也知道了自己是男生还是女生。这个时候，孩子们会非常希望自己能变得像爸爸妈妈那样强大，能够摆脱对父母的依赖。如果是男

生，就会希望自己成为一个男子汉，像爸爸一样强大有力。于是他开始观察和模仿周围男性的行为，例如，爸爸是怎样走路的，爸爸是怎样工作的，爸爸说话的口气是怎样的，等等。如果是女生，就会学习怎样做一个女孩子。于是就模仿周围女性的行为，例如，妈妈是怎样讲话的，妈妈是怎样穿衣服打扮的，妈妈是怎样做家务，妈妈是怎样照顾孩子的，等等。

一方面，男孩子在模仿着大人的行为；另一方面，又不得不承认，在家里面，他们始终是一个孩子，始终没有爸爸那样强大。怎么办呢？这个时候他们就会玩一些游戏，在游戏的世界中，他们就会觉得自己成了一个大人，一个很有力量的男子汉。正是这样，他们对那些打斗的游戏非常感兴趣，也常常玩得很开心。如果打赢了，就更觉得自己有力量，更加能显示出自己是一个男子汉。有些时候孩子们还会学说一些粗话，因为说粗话能够引起别人的注意，让他感觉到自己也是一个大人，一个有某种别人不会的本领的男子汉。这些过程是每个男孩子都会经历的。

一般说来，当男孩子长大以后，他会逐渐发现，原来男子汉并不等同于好斗，欺负别人，也不等于抽支烟，能说脏话，更不等于拥有一些让人感到害怕和恐惧的力量。他们会逐渐懂得，真正的男子汉，是能够遵守社会各项法律和规则，能够尊重并宽容他人，具有参与的精神，有责任感，并且充满活力。

当然，要变成这样的男子汉，是需要得到父亲的支持和鼓励的。如果父亲能够作为一个榜样，在适当的时候给孩子指出什么样的行为才是男子汉的行为，那么，这个孩子就更能顺利地成为一个真正的男子汉。例如，当一个父亲看到自己九岁的孩子欺负邻居家的小女孩的时候，对他的儿子说："你看起来是很有力量，这是很好的，但是你可以用在其他方面，比如你可以去打打篮球、踢踢足球，或者去帮助比你弱小的人。但你现在打一个没有力量的小女孩，这不是男子汉的行为，爸爸九岁的时候就没有那样做。"这样，这个男孩子就会逐渐放弃他原来的想法，知道用拳头"征服"别人，并不是男子汉的行为，他以后就不会那样做了，因为他想做真正的男子汉。但是，如果父亲常常不在家，或者父亲不能给孩子明确的指导，孩子的好斗状态就会持续，他也不明白，那些行为并不能真正显示出他自己的力量。那么，这个孩子的生活和处境将会比较困难。在我们的社会里，因为许多父亲长期忙于工作，陪伴孩子的时间越来越少，这对男孩子的成长很不利。为了成为男子汉，有的男孩子就会去模仿电视或者电影里的一些暴力行为，这是很危险的。这样就会导致男孩子出现喜欢打斗、欺负别人的行为。

这就是我要讲的内容。如果大家有什么疑问，或者希望继续探讨这个问题，可以到聊天室来找我，或者给我写信。

第二讲　如何面对嘲笑

同学们好。很高兴又到了我们心理午会的时间。这次的主题是：如何面对嘲笑。

这两个星期，陶老师接待了许多同学，他们讲了自己受到的各种各样的嘲笑。有的同学因为个子矮而被人嘲笑；有的同学因为自己戴了厚厚的眼镜而被人取笑；有的同学则因为自己跑步姿势不好而被人

取绰号。他们中的很多人都已经没有办法承受了，他们很希望转到其他班级或者其他学校，来避开别人的嘲笑。听到这些，陶老师感到难过极了。

值得高兴的是，有这么一些同学，他们曾经被别人嘲笑，但是他们现在已经成功走出了被别人嘲笑的困境。他们与陶老师分享了自己的成功经验，并希望能在这里与其他同学一起分享。其中，陶老师听到过一个故事，同学们，你们想不想听呢？好，下面我们一起来分享这个故事吧：

在我上三年级的时候，突然有一天，我被我的一个朋友嘲笑，她说我做操的时候笨手笨脚，简直是一只笨乌龟，还说我吃饭的时候像只大青蛙。一连几天她都是这样笑话我。后来渐渐地，其他同学也知道了，也学着她，喊我"笨乌龟""大青蛙"。我很生气，我不想别人这么说我。有一天，我终于受不了了，回家后就在我妈妈面前哭了起来。妈妈看到我哭，就问我发生了什么事情。当她听了我的讲述，妈妈就帮着我分析原因，问我是不是有什么事情惹我那位朋友生气了。经过妈妈的提醒，我终于想起来了。那时我刚刚过完我的生日，当时我邀请了班里面的八位同学参加我的生日晚会，而其他的同学，我没有向他们发出邀请。嘲笑我的这位朋友就是其中的一个。本来我已经非常小心了，我是趁她不在的时候向其他人发出邀请的，以为她不会知道，没想到她还是知道了。

在妈妈的帮助下，我终于知道了我的这位朋友为什么会嘲笑我了：她没有接到邀请，她感到生气和愤怒，所以她就通过嘲笑我的方式来为难我，来发泄她自己所受到的伤害。

当我了解了情况以后，第二天，我就把我的那位朋友拉到操场上，悄悄地告诉她，自己很遗憾没有邀请她参加生日晚会，但是妈妈只允许我邀请一定数量的朋友。同时我也告诉她，下次我会向我妈妈提出，允许我多邀请几个朋友，到时候，希望她能够来参加。我的这位朋友对我的这种解释感到满意，同时也说希望去参加我的生日晚会。第二天，她就不再嘲笑我了。而且，当别人嘲笑我的时候，她还反过来帮我，让别人不要嘲笑我。

你们看，这位同学就这样成功地解决了被别人嘲笑的困扰。她为什么能够成功呢？

第一，她能够主动地寻求她所信任的人的帮助。当我们遇到困难，而自己又不能解决的时候，要积极地求助于我们所信任的人。例如我们的父母、我们的老师，包括陶老师，等等。

第二，她能够在妈妈的帮助下，积极地寻找原因。最后，她发现，自己也有不对的地方。

第三，当她找到原因以后，她能够以恰当的方式来解决问题，化解矛盾。

同学们，你们注意到她是怎样对她的朋友说话的吗？其实，她不知不觉中使用了一个非常有效的句子。有需要的同学可以拿出纸和笔来，学习这个句子。

这个句子可以分为三个部分：句子的第一部分是表达自己的感受；句子的第二部分是解释为什么；句子的第三部分是提出自己的希望。这句话连起来就是：我感到很遗憾，因为我妈妈只让我邀请一定数量的同学。下次我会向我妈妈提出，允许我多邀请几个朋友，到时

候希望你能够来参加。这样的处理结果是非常圆满的，她自己既不再被别人嘲笑，她的朋友也不再觉得自己受了伤害。另外，当你遭到别人嘲笑的时候，你也可以使用这个句子。比如我们刚刚提到的那位因为跑步姿势而被嘲笑的同学，你可以说："我很不高兴，因为你取笑我跑步的样子。我希望你以后不要再取笑我。我希望你可以帮助我。"

最后，我想在这里对那些有意无意嘲笑别人的同学说几句话：

第一，如果你嘲笑别人，是因为自己受到了威胁，或者受到了伤害，那么，你其实完全可以通过刚才我们所说的那个句子，来向对方表达你的不满和愤怒。例如，如果你就是那位没被邀请的同学，你完全可以采取这样的表达方式："我很生气，因为你没有邀请我参加生日晚会。我希望你像对待其他朋友那样对待我。"同学们，你们想想，如果她当时能够这样表达，而不是通过嘲笑别人来发泄愤怒，达到一种心理上的平衡，那么，他们之间的矛盾是不是很快就可以得到解决呢？

第二，对于那些随意嘲笑别人的同学，我想说的是，有些时候，我们会有一种错觉，觉得捉弄别人是一件愉快的事情，是一种很酷、很威风的行为，甚至让自己变得更有"人气"。但事实上，这并不能真正让你变得有人气。一个真正威风、真正有人气的人，是因为自己发挥出了自己的某种才能，能对社会作出贡献的人，而不是建立在别人的痛苦之上。

所以，那些嘲笑别人的同学，其实你们可以通过合理有效的方式，来表达你们的不开心，通过发挥自己的才能来获得别人的尊重，赢得人气。而对于那些被嘲笑的同学，你们可以学习我们午会开始提到的那位同学，积极行动起来，让自己走出被人嘲笑的困境。

第三讲　如何让同学们喜欢我

自从心语信箱开通以来，陶老师就经常收到一些这样的来信：有的信里说，陶老师，为什么小朋友们都不跟我玩了呢？我每天上学、放学都是一个人，好想和他们一起高高兴兴地回家啊。怎样才能让他们喜欢我呢？还有些小朋友来信说，我以前有很多朋友，但是现在朋友越来越少了，我觉得很孤独。怎样才能找回我的那些朋友呢？在上次的"心灵彩虹"现场咨询活动中，也有不少同学提出了类似的问题。所以，今天我们专门来谈谈这个问题：如何让同学们喜欢我？为此，我们请来了"心灵彩虹"的小小心理咨询师，为我们的每一位小朋友现场解答这个问题。

同学：你好。我想请教你一个问题：怎样让同学们喜欢我呢？

咨询师：你能把这个问题讲得具体一点吗？比如，你碰到了什么具体的难题，有什么具体的故事吗？

同学：是这样，我是个挺在乎朋友的人。但是，我感到同学们并不是很喜欢我。我现在的朋友越来越少了，我很着急。而我们班上的另一个女孩却非常有人缘，她不当班干部，同学们都喜欢她；她当班干部，同学们也喜欢她。你说，这是怎么回事？

咨询师：你能仔细想想那个同学们喜欢的女孩有哪些表现吗？

同学：她喜欢帮助人。同学们谁有困难都愿意找她，只要是她能

做的，她总是尽力而为。她也常常主动帮助同学。有一次我们班上体育课，在大家自由活动的时候，有个同学突然反胃，然后呕吐了，还吐得很厉害。其他同学一开始都是捂着自己的鼻子，不敢接近。而她却立即主动上前帮助那位同学。

咨询师：是啊，这的确是很重要的。在人际交往中，人们都喜欢那些对自己有过帮助的人。喜欢是一种感情，感情并不是无缘无故产生的。经常帮助别人，别人就会感到你对他的价值。因此，帮助别人就是给别人一个喜欢你的理由。

同学：是这样。对了，她平时脸上总是带着微笑。

咨询师：你观察得很仔细，微笑也是一种很好的交往方式。心理学研究发现，人们最容易给微笑以回报，这几乎是一种本能。一个人脸上常常带着微笑，那么，接近他的人也会受到感染，情不自禁地也跟着微笑。这样大家都有好心情。有心理学家说，在人与人的交往中，表情是挂在路口的一块路牌，面带微笑等于在告诉别人，此路畅通；面目呆板等于在告诉别人，此路不通。所以说，微笑是人际交往最好的通行证。

同学：我还想到一点，就是，她不喜欢炫耀自己。

咨询师：好哇！你领悟得很好。心理学家告诉我们，人们都不喜欢嘴上老是挂着"我"的人。在同学面前夸夸其谈地卖弄自己，常常会妨碍我们和别人交往。因为，当你感觉最得意的时候，常常就是别人最讨厌你的时候。

同学：那么，还是少说多听的好了？

咨询师：你真是个很有悟性的女孩。学会做一个好听众，的确是让人喜欢的一条秘诀。因为你做一个好听众，能满足别人许多方面的心理需求。从这个角度说，一只好耳朵比一张好嘴巴更重要。

同学：此外，她学业很好而且很谦虚，也从来不打骂别人……

咨询师：你说得对，这些都是很要紧的。还有一条一定要牢记：要别人喜欢你，你首先需要学会喜欢别人。那个女孩让大家喜欢，绝不会是每天很苦、很累、很委屈地迎合别人。她一定有一颗喜欢别人的心，她一定是总能看到别人身上的可爱之处、可取之处、可喜欢之处。

同学：噢，我明白了，要想得到好朋友，得到大家的喜欢，原来首先要让自己变得更好。

咨询师：那你能把你今天的收获告诉我们在座的朋友吗？

同学：可以。第一，要主动帮助同学；第二，平时常把微笑挂在脸上；第三，不要老是夸夸其谈地卖弄自己；第四，做事认真、努力，不欺侮别人，而且最重要的是有一颗喜欢别人的心，能看到别人的可爱之处。我知道怎么做了，谢谢你，再见！

咨询师：再见！

同学们，听了他们的对话，你们有什么感受呢？你们找到答案了吗？

最后陶老师和大家一起分享一个故事，希望每个同学都能从中得到一些启发，做一个别人喜欢的人。

夏天的晚上，萤火虫提着蓝色的小灯笼，在草丛里飞来飞去。

他在干吗呀？他在找朋友。是啊，大家都有朋友，有好多朋友。可是，萤火虫连一个朋友都没有。跟好多朋友在一起玩儿，多快活

呀！萤火虫也想有朋友。他就提着小灯笼，到处找。

萤火虫飞呀飞，听见草丛里有响声。他用小灯笼一照，看见一只小蚂蚱。小蚂蚱急急忙忙，一直往前跳。

萤火虫就叫："小蚂蚱，小蚂蚱！"

小蚂蚱问："干吗呀？"

萤火虫说："你愿意做我的好朋友吗？"

小蚂蚱说："我愿意。"

萤火虫高兴地说："那你就跟我一起玩吧！"

小蚂蚱说："好的，过一会儿我就跟你玩。现在，我要去找小弟弟。小弟弟真淘气，不知跳到哪儿去了，天黑了还不回家。妈妈很着急，让我去找他。你来得正好，帮我照照路吧！"

萤火虫说："我不能给你照路。我要去找朋友！"

萤火虫就提着灯笼，飞走了。萤火虫飞呀飞，听见草丛里有响声。他用小灯笼一照，看见一只小蚂蚁。小蚂蚁背着一个大口袋，一直往前跑。

萤火虫就叫："小蚂蚁，小蚂蚁！"

小蚂蚁问："干吗呀？"

萤火虫说："你愿意做我的好朋友吗？"

小蚂蚁说："我愿意。"

萤火虫高兴地说："那你就跟我一起玩吧！"

小蚂蚁说："好的，过一会儿我就跟你玩。现在，我要把东西送回家去。我迷路了，你来得正好，帮我照照路吧！"

萤火虫说："我不能给你照路。我要去找朋友！"

萤火虫又提着灯笼，飞走了。

夏天的晚上，萤火虫提着蓝色的小灯笼，在草丛里飞来飞去。他在干吗呀？他在找朋友。还没有找到吗？还没有找到。聪明的小朋友，你们都知道怎样才能找到朋友，你们快告诉萤火虫吧！要不，他老是提着灯笼飞来飞去，多累呀！

第四讲 重拾友谊

昨天在操场上，陶老师问一些同学，新学期最关心什么问题。很多同学不约而同地说，他们最关心的，还是和同学们之间的友谊。是啊，在开学的那天，陶老师看到大家是带着愉悦的心情，迈着欢快的脚步来到学校的。因为在这里，我们又能和自己的朋友一起玩了。不过也有同学不愿意回到学校里来，他们更愿意待在家里面，因为他们在学校里没有朋友。记得有一位喜欢独来独往的同学告诉陶老师："其实我一个人玩的时候并不快乐。我知道，只有当我和其他小朋友一起玩的时候我才是最快乐的。"同学们，如果你是刚刚加入我们这个集体，你希望尽快地拥有这样的快乐吗？如果你在上学期失去了这种快乐，那么你希望重新获得这种快乐吗？下面我们邀请到了有类似经历的同学和一位小小心理咨询师，来我们的午会现场给同学们做一个讲解。

同学： 在我四年级的时候，我们重新组合了寝室。大家聚在一个新的寝室里，彼此都感觉到很新鲜，并且很快形成了不同的朋友小圈

子。我也与我们寝室里的四位男生组成了一个小圈子。我们经常在一起打闹，玩得很好，甚至还去其中一个同学家里吃了饭。我们还每人报出自己的出生日期，以兄弟相称。这样我成了"老三"。

咨询师： 那是多好的事情啊，真让人羡慕。

同学： 可惜没多久，我们五个人之间就开始闹矛盾。先是我和老五结盟，与其他三位的关系搞僵了，彼此见面都不说话。后来，我又因为说错了话，得罪了老五，渐渐地他也离我而去。每次他看到我的时候，就故意看别的地方，或者跟别的同学说话，假装没看到我。有时候实在是没办法假装了，也仅仅是很勉强地打了个招呼，完全没有以前的那种亲密了。

咨询师： 多可惜啊，以前的好朋友现在变成了陌生人，而且见面还要假装看不见，那该多难受呀。

同学： 是啊，在短短的三个月里，我由五兄弟中的老三变成了"孤家寡人"。在那些孤单的日子里，我是多么怀念我们一起打球的日子啊。表面上，我见到他们仍然显示出一副满不在乎的样子，但在内心深处，我无时无刻不在期待着他们主动与我打招呼，可惜，这只是我的一厢情愿。

咨询师： 既然你想与他们一起玩，为什么不主动与他们打招呼，而在等待着别人主动与你打招呼呢？

同学： 我爸爸当时也是这么说的。当时我爸爸鼓励我主动检讨自己。后来我还真的是找出了自己的许多毛病。

咨询师： 那你发现了自己身上的哪些小毛病呢？

同学： 我以前老是挑别人的错误，认为是他们对不起我。但是后来我发现，自己也有对不起他们的地方。比如说，我说话没有注意分寸，别人难过的时候我还在一旁兴高采烈地说我自己的事情，有时候伤害了别人的自尊心，我却不知道。当别人不小心撞到我的时候，我会当着大家的面毫不留情地责备他，使得人家下不了台。

咨询师：你能够这样想，证明你已经开始认识到自己的缺点，理解别人了。

同学：与此同时，我不再等着他们先来找我，而是主动地去找他们。我主动地接近老四，提出和他一同做作业。

咨询师：他答应了吗？

同学：一开始，他只是看了我一眼，没有说话就走开了。但我没有放弃，而是另外找机会再次邀请他。

咨询师：这次他答应了吗？

同学：可能他感到过意不去了，反正他答应了我的要求，还拉着老二一起，我们三人一起做作业。一开始，我们还是闷着不说话，谁也没理谁。后来，老四发现我的钢笔的墨水用完了，主动地借给我一支笔。当时我心里真的很感动。那天晚上他们都睡着了，但我心里却一直都在兴奋着。到现在想起来还觉得激动呢。

咨询师：经过努力而重新获得友谊，谁能不兴奋呢？你先是认识到了自己的缺点，不再是盯着别人的过错不放，更重要的是你主动地去找他们，而不是等他们来找你，这种精神让你重新获得了友谊啊。

同学：我觉得还有个窍门要告诉大家，当自己第一次遭到别人拒绝的时候，千万不要随意就放弃了，而应该多想办法，找其他机会继续邀请他们。这显得你很有诚意，是真的想和他们和好。

咨询师：你这个窍门太重要了。同学们，你们觉得呢？让我们每

个人都记住并努力去做吧。

非常感谢这两位嘉宾，我想大家都可以从这次谈话中得到一定的启发。谢谢你们，再见！

第五讲　回声的友谊

有位四年级的同学来信说：

最近我很烦，因为遇上了一件烦心的事情。前两天，下课后我急着走出教室，走得特别快，经过一个同学的书桌时，不小心把她的文具盒碰掉在地上，里边的钢笔也摔坏了。我还没有来得及帮她捡起来，她就大吵大闹，就像我是故意这么做的一样。我本来想跟她道歉的，可是看到她那么凶的样子，我也很生气，就和她争吵起来。因为这么一件小事，我俩都大发雷霆，说了很多过头的话，差点还打了起来。她肯定是觉得我故意那么做的，所以发火，而我觉得她太小气了。我们到现在还是不能互相谅解，看见对方也都是不理不睬，不想说话。我觉得这样很不好，但心里总还是有些生气。陶老师您来评评理，告诉我该怎么办？

同学们，你们回想一下，在自己身上是否也发生过类似的事情呢？陶老师近段时间也碰到了不少类似的事情，心里很为这些同学着急。鸡毛蒜皮的小事情，居然发展成了大争吵，甚至是不理不睬或者打架，既伤害了别人也伤害了自己，这究竟是怎么回事呢？

陶老师曾经听过这么一个故事：

从前有一个小孩子，他每天都会到大山里去砍柴。有一天，他回来告诉妈妈，大山的深处住着一个特别坏的人，这个坏人总是在他对大山叫喊的时候，学他说话，有时候还会恶狠狠地骂他。妈妈听完孩子的话，知道那些声音是大山里的回声，于是就告诉孩子："明天你再到山里去的时候，试试主动向大山深处的那个'坏人'问个好，看看会有什么情况发生。"

第二天，孩子来到了大山里，想到妈妈的话，于是他对远远的大山喊："你好，你好！"过了一会儿，清晰的声音也传来了，大山在回答："你好，你好！"砍柴的孩子特别高兴，他不停地对大山欢呼，而大山也总是开心地回应他。于是，这个砍柴的孩子兴高采烈地回家了，把这个新发现告诉妈妈。妈妈告诉他："其实我们身边所发生的事情，就像这大山的回声一样。别人骂我们的声音，往往是从我们嘴里发出来的。而我们听到友好的声音，其实也是从我们嘴里发出来的。"

这个故事给我们的启示是，在与朋友的相处过程中，我们要特别注意，不要让自己的疏忽或者错误成为指责别人的借口，也不要让别人的错误成为影响自己成长的障碍。在这里，陶老师要教大家一些交朋友的方法，大家不妨试一试：

第一，学会站在他人的角度看问题。这位写信的同学觉得他的同学很小气。但我们设想一下，如果那支钢笔是她最心爱的礼物呢？假

如她正在专心致志地画一幅画，而你碰到她的文具盒，使得她把画画坏了呢？如果是这样，她生气也情有可原。

第二，交朋友的时候要求同存异，特别是要容忍别人的缺点。对别人的缺点要理解，但要时刻记住，千万不能把别人的缺点放大。即使所有人都觉得她小气，我们也不应该为此暴跳如雷，因为这是她性格中的一个部分。相反，如果我们常常盯着别人小气这个缺点不放，看不惯别人的缺点，那么，我们会继续指责别人的这个缺点，就会很轻易地原谅自己。这样做的后果是，我们为以后继续发生同样的事情找到了一个很好的借口，就会无意识地继续重复这样的行为。与此同时，我们总感觉自己有道理，别人没有道理。如果这样，我们就永远都无法长大，无法让自己心胸宽大，无法让自己变得成熟，而只能永远当一个长不大的孩子。

第三，主动说"对不起"。刚才讲的故事告诉我们，如果你想要听到"对不起"，那么你先要主动地向别人道歉。主动承认自己错误的人才能得到别人的喜欢。

当然，对于那位被碰翻了文具盒的同学，也需要对同学的失误行为表现出宽容，也许是因为自己的文具盒放得太出位了，挡住了别人的去路，所以才会被碰掉。有时候，同学的行为有点鲁莽也是正常的，作为孩子的我们，谁能够每时每刻都冷静和理智呢？严于律己，宽以待人，这才是一个人成熟的标志。

友谊就像回声，只有你做出了友善和宽容的行为，你才能收获到同样的友善和宽容。学习对朋友宽容和谅解，是一个孩子走向成熟的表现。也只有这样，我们才能化解日常生活中的各种矛盾，在一种和谐、友善的氛围中共同成长。这样，故事里的那个孩子所拥有的快乐，最终也可以抵达我们的心中！

第六讲　让他人保留面子

前段时间，有位同学给我来信说，因为自己心直口快，无意中伤害了自己的朋友。他很后悔，因为这是他很好的朋友。这两天他又跑过来，高兴地告诉我，他们两个已经和好了。同学们，你们想不想知道他们是怎么和好的呀？今天，我们很高兴地邀请他们来到我们的广播室。让我们一起来分享他们之间发生的故事吧。

陶老师（简称陶）：你们好！

甲、乙：陶老师您好！

陶：我知道你们两个已经和好了。我想问一下，你们是怎么和好的？

甲：他很诚恳地向我道了歉，我的气也消了，就原谅他了。毕竟这只是一件小事情。

陶：如果他当时能够道歉的话，你是否当时就原谅他了呢？

甲：我想是的。

陶：好，我们来问问这位同学的感受。你当时有没有觉得自己说话说过了头？

乙：有，我觉得自己可能伤害了他。

陶：那为什么没有马上道歉呢？

乙：可能是觉得没有面子，所以说不出来。

甲：陶老师，我觉得，不仅仅是他一个人是这样的，这种现象在我们同学中也是普遍存在的。我们常常忘记了，在做错事之后说声"对不起"。因此，常常在发生矛盾以后，到了老师办公室，我们才说"对不起"。我觉得，这种现象其实是可以避免的。

陶：前几天，我看到一则新闻：4月5日，郑州一所小学的孩子们，面对面地锻炼自己如何表达歉意。学校通过"道歉节"，让学生在待人接物方面，学会了宽容和谅解。通过调查，发现这所举办过"道歉节"的小学，有近一半的学生开始习惯对他人说"对不起"。所以，该校再次通过"道歉节"，让学生当面道歉，或者通过打电话、写书信的形式，向别人道歉。道歉对象可以是同学、家人、陌生人，也可以是动物、植物等。你们觉得这个方法如何？

乙：我觉得这个方法挺好的，我们都需要学会道歉。

甲：当我们学会了道歉，我们的矛盾和冲突就会降到最低。

陶：刚才我们说的是发生冲突以后的解决办法。那么，我们再来了解一下冲突发生的原因。

乙：当时太冲动了，想显示出自己有理，就想把它说出来。没有想到对他造成了伤害。现在想想，当时那样说也只是逞一时的口舌之快。

陶：你觉得自己赢了吗？

乙：表面上我好像占了上风，但是事实上我却差点输掉了友谊。

陶：是啊，同学们，在日常生活中，当与别人发生争论的时候，你是非赢不可吗？在与朋友的交往过程中，你是否认为心直口快就一定是人的优秀品质？

我们中国有一个成语，叫"理直气壮"，说一个人只要有道理，就可以什么都不怕，说话的气势也高人三分。但是，我们中国还有一句话，叫作"有理也要让三分"，说的是既使你有道理，也要顾及别人的面子，并不是所有我们想到的话，都应该或者马上把它说出来。

给人保留面子，这是你赢得朋友的妙方。掌握了这一技巧，你的朋友会越来越多，生活会越来越有滋味。下面我们一起把一个优美的故事送给大家。这个故事叫《迷途笛音》：

那年我六岁。离家仅一箭之遥的小山坡旁，有一个早已被废弃的采石场，父母从不准我去那儿，其实那儿风景十分迷人。一个夏季的下午，我随着一群小伙伴偷偷上那儿去了。就在我们穿越了一条偏僻的小路后，他们却把我一个人留在原地，然后奔向"更危险的地带"了。

等他们走后，我惊慌失措地发现，再也找不到回家的那条偏僻的小道了。我像只无头的苍蝇，到处乱钻，衣裤上挂满了芒刺。太阳已经落山，而此时此刻，家里一定开始吃晚餐了，父母正盼着我回家……想着想着，我不由得背靠着一棵树，伤心地"呜呜"大哭起来……

突然，不远处传来了声声柳笛。我像找到了救星，急忙寻声走过去。一条小道边的树桩上坐着一个吹笛人，手里还正削着什么。走近细看，他不就是被大家称为"乡巴佬"的卡廷吗？"你好，小家伙，"卡廷说，"看天气多美，你是出来散步的吧？"

我怯生生地点点头，答道："我要回家了。"

"请耐心等上几分钟，"卡廷说，"瞧，我正在削一支柳笛，差不多就要做好了，完工后就送给你吧！"

卡廷一边削一边不时地把尚未成形的柳笛放在嘴里试吹一下，没过多久，一支柳笛便递到我手中。我俩在一阵阵清脆悦耳的笛音中，踏上了归途……

当时，我心中只是充满了感激。而今天，当我自己也成了祖父后，突然领悟到他用心之良苦！那天，当他听到我的哭声时，便判定我一定迷了路，但他并不想在孩子面前扮演"救星"的角色，于是吹响柳笛，以便让我能发现他，并跟着他走出困境。卡廷先生以乡下人的纯朴，保护了一个小男孩强烈的自尊。

同学们，在我们与朋友交往的过程中，不仅要学会在发生冲突以后，诚恳地道歉，而且还要学会避免发生冲突，在说话的时候给别人留面子。这样，我们的朋友才会越来越多，我们的生活才会越来越美好！

第七讲　好朋友要天天在一起吗

今天我们心理午会的主题是：好朋友要天天在一起吗？

有个四年级的同学给陶老师写了一封这样的信：

陶老师，我们将要去军训，在组成四人组或五人组的时候，我最要好的朋友都被别人抢走了，我哭得很伤心，我的心都快要碎了，你能帮帮我吗？

看完这封信，陶老师脑海里马上浮现出这样的画面：一个孤单的小女孩在哭泣，她的眼睛一直盯着前方的那群同学，就在那里，她的好朋友正在和其他朋友一起高高兴兴地玩耍。

同学们，你看她多难过呀，她哭得多伤心呀？因为她的好朋友被别人"抢走"了。她成了孤孤单单的一个人，她失去了快乐。那么，我们一起来帮帮她，好吗？

同学们，你们认为她的好朋友真的被别人"抢走"了吗？你们认为她和好朋友分开真的是一件坏事情吗？

在回答这个问题之前，陶老师想问问大家：什么样的两个人容易变成好朋友呢？

有些同学告诉陶老师，相互之间坐得很近的同学很容易成为好朋友；还有同学说，同住在一个小区，或者经过同一条路回家的人，容易成为好朋友，因为在一起交流、谈话的时间很多。

是啊，空间距离真的是影响我们和别人交往的一个重要因素。在心理学上，我们把它称为"邻近性吸引"。也就是我们生活中经常说的"远亲不如近邻"。你借我橡皮，我借你水彩笔；我的烦恼你知道，你难过的时候我就在身边。这样，我们就在不知不觉间成了好朋友。

除了空间距离，还有时间距离也会影响我们与别人的交往。常常见面的人更容易成为朋友，心理学上称之为"熟悉效应"。有个心理学家曾经做了一个有趣的试验，来证明这种"熟悉效应"：他让实验者看一些照片，有的照片让看无数次，有的只看一两次，然后让参加实验的人说出比较喜欢谁。结果参加试验的人总是喜欢看过多次照片中的人。

但是，同学们，有了足够近的空间和时间距离，我们就一定能成为好朋友吗？其实呀，那也未必。我们知道，自己所喜欢的人，往往是邻近的；而我们所讨厌的人，也往往是邻近的。如果对方的行为和语言让自己感到不舒服，我们就想远离他，越远越好；而对于那些与自己各方面条件都相近的人，例如年龄、性别、兴趣、爱好、性格等，我们就很自然地想与他们交朋友。这是一种心理距离，也是决定我们是否真正成为好朋友的最重要的因素。心理距离是超越时间和空间界限的，它表现在大家有着共同爱好，相互理解，相互帮忙，在一起的时候彼此都感到愉快。但是，同学们要注意了，心理距离可不是上天安排的，而是需要我们培养的。它需要一些机缘，需要一些时间，需要慢慢地磨合，更需要两人经历一些考验。

因此，在陶老师看来，这位同学暂时和好朋友分开就是这样一种考验。这可能还是一件好事情呢，因为它在考验着我们的友谊是否可靠。首先，我们经常因为各种各样的事情，而不能够和我们的朋友在一起。我们会升学，有时候要生病，也经常要组成不同的团队参加各种活动。这些都是考验我们友谊的时刻。如果我们的友谊经得起考验，我们在重新见面的时候，就能互相分享彼此的快乐，那将给我们的友谊增添更多的色彩，我们的友谊也就更牢固，心理距离就更近了。如果我们的友谊一点也经不起这种考验，那么这是一种真正的友谊吗？那你们也许真的不太适合做朋友。

其次，这种分开的另一个好处在于，它给我们提供了更多的机会和更大的空间，让我们可以去结识更多的朋友，得到更多的快乐。所以，把悲伤放到一边，快快乐乐地加入到新团体中去吧，说不定我们可以找到比原来更好的朋友呢。无论何时何地，我们都不应该忘记积极地去结交新朋友。让自己的朋友越来越多，这才是我们幸福的源泉。

最后，陶老师与大家一起分享一个温馨的故事：

一位女儿哭着对妈妈说："妈妈，我的好朋友被别人抢走了。"

这位妈妈问："好朋友能抢走吗？"

女儿答道："可以的。"

妈妈听完她的话，先把女儿拥抱了一下，拍拍她的背，然后说："如果你很真心地对她，这样的好朋友是不会离开你的，所以别人抢不走的。"

女儿一脸疑惑："真的吗，妈妈？"

妈妈郑重地告诉她："当然是真的。"

接着妈妈问："你有几个好朋友？"

女儿答道："就她一个。她长得漂亮，又很文静，很会照顾我。我哭鼻子的时候，她会悄悄地走过来，拉起我的手，给我擦眼泪。"

这位妈妈明白了。女儿有好的书，好的玩具，就要拿给这位好朋友，但其他小朋友却不让碰一下。因此，她就没有其他的朋友。

于是，这位妈妈问："一根筷子很容易折断，是吗？"

女儿回答："是的。"

妈妈说："那十根筷子或者更多的筷子绑在一起，不容易折断吧？"

女儿点点头。

妈妈说："这就说明，一位好朋友的力量是有限的，也很容易就

折断了。如果你有很多的好朋友，那么，朋友的力量始终都存在，那你也就永远不会孤单了。"

因此，同学们，当你们的朋友暂时离开你的时候，说不定是一件好事情。它在考验着你们之间的友谊，同时让你们得以结交更多的好朋友。同学们，你们说是不是呢？

第八讲　她为什么不受欢迎

同学们下午好。今天我们广播室来了一位嘉宾，他是我们"心灵百合社团"中的一位心理小助手。他负责协助陶老师工作，为解决同学们的烦恼积极地出谋划策，显示出了良好的心理素质和才干。同学们，你们想不想认识他呀？

小助手：陶老师，您好。各位老师、同学们，大家好！我来自五二中队，也是"心灵百合社团"的心理小助手。我希望通过学习，能成为大家心灵上的伙伴。

陶：在我们的生活中，朋友交往总是一个很重要的话题。它对我们每个同学内心的快乐有很重要的影响。所以，我们今天和心理小助手一起，继续讨论朋友这个话题。

上个星期，陶老师收到几个同学的一封来信，信是这么写的：

我们班里有一位很习蛮的同学，总是爱欺负别人，别人不听她的话，或者不小心碰到了她，她就要动手打人，或者是揪人。她还爱说大话，炫耀自己，同时还嘲笑别人。有一次，班里有个同学跑步不及格，她就去嘲笑别人："乌龟都比你跑得快，你真笨呀。"请问，你是怎么看的呢？

小助手：她这么爱欺负别人，那应该没有什么朋友吧。

陶：是啊，别人都不想和她玩，但是她就缠着别人不放，有时粗暴地拉住别人，都快要把别人的手给拉断了。有时候她也会和气地说，我们一起做朋友嘛。但是她的脾气总是改不了，没到两天她就原形毕露了。总之，和她在一起，别人好像就不能有自己的想法和个人空间。因此，这些同学就写信来问，怎么摆脱这样的朋友。你怎么看这件事情呢？

小助手：我觉得，这位同学在和朋友的交往过程中犯了两个大忌，这使得她变成了不受欢迎的同学。

陶：哦？那你能不能给我们讲讲，她犯的这两个大忌是什么呢？

小助手：当然可以。第一个大忌是，当别人不同意自己观点的时候，切忌用武力来强迫别人。每个人都希望别人赞同自己的观点。如果别人的想法和自己的想法相同，那当然皆大欢喜。但是，当朋友之间意见不一致时，双方都会感到不愉快。这个时候，我们最不喜欢别人通过武力的手段来压迫自己，强迫同意他的观点和做法。

陶：你分析得很有道理啊。你刚才说是两个大忌，那么她犯的第二个大忌是什么呢？

小助手：第二个大忌是，她太爱炫耀自己，夸大自己，甚至嘲笑别人的缺点。

陶：但是，她为什么要这样做呢？

小助手：我觉得，一个有能力的人总是很有人气，很受大家欢迎的。她可能是希望通过这种方式，来吸引别人的关注吧，让别人觉得她很有能力，从而营造起一种人气来，让别人都和她做朋友。

陶：但是结果却是相反的，不是吗？

小助手：是啊，一个人的能力，毕竟不是通过空洞的话来表现的，而是做出来的。真正有能力的人应该是说得少，做得多。

陶：你这么说，倒使我想起了曾经听过的一个故事：有一对父子在森林里走，突然远处传来一阵马车的声音。父亲认真听了听，用肯定的口气说，这是一辆空车。儿子听后百思不得其解。过了一会儿，马车从他们身旁经过，儿子看到车子里空空的，并没有装什么东西。于是，儿子用充满崇拜的神情问父亲："爸爸，你真厉害。但是，你是怎么知道那一定是一辆空车？"爸爸微笑着对儿子说："只有空车才发出这么响的声音。"

小助手：这个爸爸可真厉害！是啊，没有内涵和真本事的人，才会一味地夸奖自己，当然也不会有真正的人气。她既然犯了这样的大忌，肯定不受大家喜欢了。但是，同学们提到要想办法摆脱她，我觉得这样做也不恰当。因为没有朋友是孤独的，没有朋友是悲伤的。如果她一直被排斥，那么她以后的成长和发展都会受到影响，甚至可能让她走到另一个极端，交上一些坏朋友。其实，我们可以从她的行为里面看出，她还是想改正自己的。信中说，她向别人提出来要重新和好，重新做朋友。这反映出了她想要改变的决心，这是一个很重要的线索。

陶：你真是个敏感而细心的人。她确实想改错。她也曾经写信给陶老师，她说她以前做了很多坏事，希望能改正，但是同学们还是不理她，这是为什么呢？

小助手：也就是说，她其实已经意识到了自己失去了很多朋友，并且很想挽留一些朋友。只可惜她的方法有些不恰当。她并不懂得怎样与同学们交流，也不知道应该怎样表达自己的请求和想法，她唯一能用的方式就是通过抓住别人，把别人强行留在自己身边。但是，她这样做并不能抓住别人的心。

陶：你说得很对，也正因为这样，这些同学并没有感受到她想要改错的真诚，她就再一次失去了朋友。那么，她怎样才能赢回朋友的心呢？

小助手：我想，学习一种有效的沟通方式是很有必要的。其中，学习文明礼貌，以及生动、活泼的语言是很重要的，因为它们是最能够打动我们心灵的东西。

陶：假如你就是那位同学，你很希望别人跟你一起玩，你会怎么说呢？

小助手：我会说："你能不能过来和我玩呀？""我希望能和你们一起玩。""我们一起到操场去玩，好不好？""我可不可以加入你们呢？"

陶：你这种商量而不是命令的口气，听起来让人感觉很舒服。那如果对方还是不愿意和你玩呢？

小助手：那我就用一些游戏来吸引他们，比如说，"我有一个很好玩的游戏……"用生动的语言把游戏描述出来，我想他们会心动的。

陶：这真是一个好办法。是啊，真诚的心、文明动听的语言，虽然不是一双手，但是却比我们的手更强大，更有力量。你刚才说，摆

脱这位同学会导致她更孤立和更糟糕的后果，那么，那些写信的同学，又该怎么做呢？

小助手： 他们也可以学习一些帮助他人的方法。我的同学曾经告诉我这么一种办法：有一个特别霸道的同学，每次都是不经过我同意就拿我的东西。后来，每次他想拿我东西的时候，我就把那个东西拿在手里，看着他说："请……"直到他说："请你借给我一支笔，好吗？"我才借给他。后来他就习惯了这种文明礼貌的用语。

陶： 我知道了，你是想告诉给我们来信的这几位同学，如果那位刁蛮的同学以后再拉扯别人，可以认真地对她说"我希望""能不能"。通过这样的提醒，那位同学就学会说"我希望和你们……"是吗？

小助手： 是的。

陶： 非常谢谢你给我们大家带来的这些好办法。总之，在我们和朋友交往的过程中，存在着两种大忌：第一是强迫别人；第二是夸耀自己，嘲笑别人。而要想赢回朋友，首先需要耐心和坚持不懈的精神；其次需要我们学习文明礼貌，以及生动、幽默的语言，用商量的口吻提出自己的请求和希望，用生动和幽默的语言来打动别人。最后别忘了加入到大家的游戏中去，成为其中的一员，即使是非常普通的一员！只要努力，我们一定会赢得朋友的。

同学们，你们掌握了和别人做朋友的方法了吗？陶老师真诚地希望每个同学都成为受欢迎的人。

第九讲　朋友把我当抹布

今天我们午会的主题是：朋友把我当抹布。

在我们的校园生活中，每一个人都会为自己找到了好朋友而感到快乐。有这么一些同学，他们感到自己和朋友之间的关系并不是对等的，他们不能在与朋友的交往中得到真正的快乐，甚至经常有一种受委屈、受苦的感觉，但是，他们还是不得不与这些朋友交往，他们究竟该怎么办呢？让我们先来看一封同学的来信吧。

陶老师，您好。我有一个好朋友，但她好像总把我当抹布，就是她没有玩的时候才陪我玩，有玩的就不陪我玩了，有时还打我。我不想和她玩，但是如果我不和她玩，我在学校就没有玩的了。我该怎么办呢？

同学们，你们在和朋友交往的过程中有没有过这样的感受呢？你们又知不知道，你们周围存在着这样一些茫然的同学呢？那么，让我们随着这位同学的来信，细细分析出现这种情况的原因吧。

首先，在信里有这么一句话："她没有玩的时候才陪我玩，有玩的就不陪我玩了。"这句话中反复出现的"陪"字，给你留下了一种怎样的印象呢？对，是一种被动的、向人索求友谊的心态。这样的心态导致她不快乐，也找不到真正的朋友。为什么说被动地向人索求友谊并不能让人快乐呢？别人满足我们，这也让我们不快乐吗？在这里，我想起了从前看过的一个故事，故事是这么讲的：

从前有一个国王，他有一个宝贝儿子。这个年轻王子，没有满足不了的事情。然而他常常眉头深锁，很不快乐。有一天，一个年老的智者对国王说，他有办法能使王子快乐，把他的忧虑变作笑容。国王很高兴地说："如果你能办到这件事，我将给你一笔丰厚的赏赐。"智者将王子带进一间密室中，很神秘地交给他一张白纸，并告诉王子，这张纸具有神力。他嘱咐王子点起蜡烛，注视着纸上呈现出来的东西，并且照着去做。这位王子在烛光的微热映照下，看见白色的纸竟然化作美丽的绿色，并且出现几个字："每天为别人行一善事！"王子遵照了智者的劝告。不久，他果然成为全国最快乐的少年。

同学们，你们看，被动地等待着别人的给予，是得不到真正的快乐的。因为这样，我们就无法体验到给别人带来快乐后，自己所获得的那种快乐。每个人的快乐是双重的，第一种快乐是在自己无助、受到别人帮助时内心的快乐。第二种快乐是帮助别人，让别人快乐，这时，我们自己也能体验到快乐和满足。这位王子最初就是没有得到第二种快乐。给我们来信的这位同学也是一样。

刚才陶老师讲到，总是希望别人陪自己的这种心态，是不能让自己找到真正朋友的。为什么呢？因为，要获得朋友，首先要成为别人的朋友，要对别人感兴趣。可以设想，对别人不感兴趣的人，谁会对你感兴趣呢？总是站在自己的位置上，谁知道你是讨厌别人，还是喜欢别人呢？谁会知道你的兴趣是什么呢？

其次，我们回到她信中的一个比喻，也是我们今天午会的主题：朋友把我当抹布。这样的比喻让人很难过。虽然我们不能够确认她的好朋友是否把她当成"抹布"，但是，我们已经隐隐约约地感觉到，这位同学自己把自己看成"抹布"了。从刚才的分析来看，由于她的这种被动的、守株待兔式的心态，她的朋友就变得越来越少，最后只剩下一个好朋友，她不得不与她玩。因为她说："如果我不和她玩，我在学校就没玩的了。"而她为了避免失去这个唯一的朋友，只有委曲求全。甚至朋友打她，她也不能表达自己的不满。因此，正是她把自己放在了一个很低的位置，才用抹布比喻自己。

那么，我们该如何去打破这样的困境，获得友谊和快乐呢？

第一，调整自己的心态，变被动为主动。主动表示我们对别人感兴趣。曾经有人说："人们最喜欢的事情，莫过于别人对自己表示关注。"如果我们主动对别人表示感兴趣，别人才会感到自己受到了重视。因此，想要获得友谊，就应当主动向前迈步，主动微笑，主动与对方握手，主动与朋友说话，主动邀请别人，还可以主动与朋友分享音乐、分享礼物、分享内心的快乐和秘密。朋友需要帮助时，不要犹豫，主动走上前去，关心朋友；在与朋友谈话时，关注并谈对方感兴趣的事情和最为珍视的东西，使之高兴，这样，就会使双方之间的心理距离渐渐缩短。在日常生活中，我们发现，拥有许多朋友的人，是因为他们能够主动地去建立友谊。

第二，广泛地交朋友。不能把注意力放在某一个朋友身上，太过于依赖他们。即使你有一个很要好的朋友，你也需要交一些其他的朋友。因为有时，好朋友会因为闹矛盾而变成陌生人；而原本关系一般的朋友，也会由于相互了解的加深而变成好朋友。我们每一个人都是在这样分分合合的过程中长大的，在这样的过程中，才能找到自己真正的朋友。只有这样，我们才不会因为害怕失去某一个朋友而委曲求

全，也就不会使自己变成"抹布"了。

第十讲　男生女生是冤家吗

今天我们午会的主题是：男生女生是冤家吗？

男生总是很粗暴吗？女生总是很小气吗？男生和女生之间，总会发生各种冲突和矛盾吗？男生女生真的天生是冤家吗？这段时间里，这些问题一直萦绕在我们不少同学的脑海中。其中有一位同学在信中这样写道：

陶老师，您好！事情是这样的。我们班的男生总是喜欢无缘无故地欺负女生。我们看不惯，就说了他们一下，他们就使了一招"佛山无影脚"，接着我们就打了起来。后来他们就背地里给我们取外号，嘲笑我们。我们去告诉老师，他们又笑话我们："哎，女生，就这点能耐！"每次我们都只得败下阵来，我们女生也只有忍气吞声了。陶老师，想想办法吧，我可不希望整天都泡在眼泪里了。

同学们，你的身边有没有这种现象呢？说到这里，有些男生可能会抗议：我们男生才是忍气吞声呢，女生个个都是武则天，动不动就生气，有时把男生打得鼻青脸肿；她们还动不动就哭，又告诉老师又请家长，我们哪敢再欺负她们，而她们倒越来越猖狂，体力活叫我们男生做，她们只在一旁监督，稍不如意就大呼小叫，你说这是谁欺负谁呢？

听到同学们的这些疑问，陶老师想起了一个古希腊的故事。在最初，男性和女性是同一个完美的个体。后来被分开了，这个人的优点也被分成了两半，一半在男性身上，一半在女性身上。他们只能从对方身上找回失掉的一半优点，才能成为一个完整的人。

原来，两种性别的人都不是完美的，都有其自身的优点和缺陷。如果只看到异性的不足，容纳不下异性的缺点，那么矛盾就发生了。在我们一、二年级的时候，每个人都处于一种中性状态，没有清晰的性别概念，大家一起玩，其乐融融。但是，随着我们年龄的增长，我们的性别意识开始增强，男生女生的心理和行为开始明显分化，就在无形中形成了男生和女生两大阵营。这时，男孩子开始看不惯女生胆小、撒娇、哭鼻子；而女孩子则不喜欢男生调皮、恶作剧、不讲卫生、欺负人。男女生之间，甚至在课桌上画一条"三八"线，还经常发动胳膊肘"大战"，相互攻击。这些现象叫作异性疏远现象，是孩子们在性心理发展过程中必然出现的现象。

与此同时，每个人又都会产生与异性交往的愿望。它能为我们将来的生活奠定基础，能让每个人不断地完善自己。仅仅在女孩子人群中，或者男孩子人群中长大的人是有缺陷的。

但是，在我们周围存在着这样一种现象：如果一个男生想要去找女生玩，就会受到周围男生的鄙视。因此，他们就采取开玩笑甚至恶作剧的方式，例如，揪某个女生的辫子，拿某个女生的东西不还，等等，认为这样既能够达到所谓的交往的目的，又不受大家嘲笑。这就出现了给我们来信的这位同学所说的现象。这是一种不恰当的交往方式，它既给对方带来了一些不愉快，给对方造成了困扰，甚至是伤害，同时也无法达到与对方沟通交流的目的。长此以往，它将影响我

们以后的学习生活和身心健康。

那么，处在这个时期的男生女生，怎样才能度过这个时期呢？

第一，正确评价男生和女生，认识到每种性别都有其自身的优点和不足。用宽容的眼光来看待别人身上的缺点，并用欣赏的眼光看待异性，发现异性的优点，特别是一些自己并不具备的优点。一般说来，男生比较理性，具有刚强勇敢、幽默、豁达、豪放、知识面广等优点；而女生比较感性，柔韧婉转、细心、认真、顺从、奉献、热忱、体谅、善良、可爱活泼、体贴关心他人。在我们日常生活中，他们各有优劣。男生团结协作好，力气大，在拔河比赛中胜于女生，但男生踢毽子时笨手笨脚，动作不协调，踢几下就掉下来了；而女生力气小，拔河时输给男生，但在踢毽子时却非常灵巧，又快又稳。

第二，真诚、坦然地与异性交往，积极参与学校组织的集体活动。一起玩男女混合的游戏、竞赛等活动，消除两性之间的神秘感，学会与异性友好相处，并从这些活动中认识男孩与女孩之间的差异，找到自身的价值，塑造良好的自我形象。

第三，交往时要发挥各自的长处，相互学习，团结合作。大家看过双人花样滑冰吗？在双人花样滑冰艺术中，男性象征着力量、稳定、基石，他灵活、安定，任对方旋转、凌空，在最惊险的一刹那，却永远能用力量稳稳地把对方接住；女性则是精灵，是火焰，像芭蕾舞女般轻盈，像小鹿般自然活跃。这样的和谐之美，正是双人花样滑冰艺术的魅力所在。在学习生活中，男生女生应相互帮助，取长补短，组成一个和谐文明的班级，大家的进步都会很大。

有人说，世界上有两种孩子：男孩和女孩。男孩是女孩的镜子，女孩是男孩的镜子。因为有了男孩，女孩更加温柔；因为有了女孩，男孩才更加刚强。他们就这样互相照着，渐渐长大、成熟。但愿我们每个同学都能用宽容、欣赏的目光对待他人，并取长补短，配合默契，在美好的环境中健康成长。

第十一讲　如何面对比自己"官衔"大的人

陶老师非常高兴，因为又可以在广播里和全校的小朋友见面了。在我们的校园里、在我们的同学身上每天都有不同的事情发生，陶老师收到的来信内容也是各种各样的。因此，我们每次的心理午会主题也就不一样。大家想不想知道这次午会的主题是什么呀？那就是：如何面对比自己"官衔"大的人。

上个星期，陶老师收到了一封要求公开的信，信是这样写的：

有一个同学，她经常讽刺我和我的朋友。我们班的同学都不喜欢她，可是到评选班干部时，她又对我们特别好，用美言让我们选她当班干部，所以大家都选了她。我跟她竞选时，我本来是可以比得过她的，可最后她比过了我，因为全班同学怕她打他们，所以选了她。回到家，我大哭了一场。凭什么选她？一说到这里我就一肚子气。可她当选了以后，就老是用讽刺的语气说我。我是副中队长，她就老是说我："怎么样嘛，我的官比你大。"我对她说："不就是比我大一级嘛，有什么了不起？"她好得意哦！而且还对比她官小的同学又骂又打。我们只能让着她，谁让她是中队长呢？陶老师，您帮帮我们吧！

　　刚读到这封信时，陶老师也觉得非常气愤，怎么会有如此霸道的同学？怎么会有这么不公平的事情！不过，再读一遍这封信时，陶老师心里就产生了一些疑惑。这位同学在信中说，他的同学当选中队长的两个原因是"她用美言让我们选她当班干部，所以大家都选了她"，以及"因为全班同学怕她打他们，所以选了她"。陶老师在这里请大家认真思考一下，在选举班干部时，你心里究竟有一种怎样的标准呢？你会不会因为怕一个人，或者因为他一时的美言而选他呢？如果你的回答是肯定的话，那是不是说明自己的立场不够坚定？是非观念不够清楚了呢？而我们的班干部选举是不是就失去了其原有的意义了呢？

　　从与许多同学平时的谈话当中，陶老师发现，我们大多数同学的立场都是坚定的，是非观念也是比较清楚的。在选举的时候，我们会在心中权衡候选人的优点和缺点，最后把票投给那些我们认为有可能胜任的同学。在大多数同学心中，中队长应该是有魄力的、能够照顾全面、善于发现班级中的问题，勇于面对矛盾冲突，以及学习成绩好，等等。如果一个人具有这些方面的才能，那么即使他身上有许多缺点，大家权衡之下还是很有可能会选他。因此，我们是不是可以假设，信中提到的中队长也有这些方面的优势，也是她在这次选举中得以成功的原因呢？

　　其实，在陶老师看来，这两位同学都很优秀，只不过他们的表现各不相同罢了。来信的这位同学更注重平时与同学们的关系，更顾及他人的感受，性格更加温和，而他的对手——信中的主人公，则个性鲜明，语言表达能力很强，做事目的性非常明确。也就是说，他们每个人都有自己与众不同的待人处事的方式。但是，如果我们看不到，或者不能理解别人做事的风格和方式，特别是那些与我们相差很大的风格和方式，那么，我们就会把它看作一种难以忍受的缺点，心里就会不平衡。世界上的人和事情是千姿百态的，能够以平和的心态对待和自己风格不同的人，其实是一种进步、一种成长的表现。

从另一个角度来看，这样的选举结果，是否也可以提醒我们，我们的行为方式也有不妥，有需要进一步改进的地方呢？而他人的优势，是否正是值得我们学习的地方呢？那么，为什么不彼此欣赏，进一步沟通，取对方之长补自己之短，共同进步呢？说不定在下一次的选举中，获胜的就是你自己呢。

让我们再回到这位同学的来信中吧，陶老师还有一个小小的疑问。这位同学在信中说："她对比她官小的同学又骂又打，我们只能让着她，谁让她是中队长呢？"陶老师非常理解这位同学的心情，他确实处在一个很难的位置上，但是他为什么认为在中队长面前大家都要忍让呢？要理解他的这个问题，我们还得好好来认识一下"官衔"这个让人既爱又恨的东西。

同学们，官衔，它究竟是什么？在陶老师看来，任何一个官衔或者头衔本身，其实只是一个空的符号和位置而已。无论是中队长，还是小组长，都只是一个符号。只有当工作任务出现，与我们的工作任务联系在一起时，它才具有意义，它才具有一个实在的位置。而且，这样的位置也仅仅存在着分工的不同而已。有时候为了班级管理的需要，中队长会根据实际情况，给大家分派一些任务。为了工作的有效进行，其他人可能要服从于中队长的安排。这里，陶老师要向大家强调，即使是这样，大家也仅仅是存在着分工的不同而已，并不存在着一种完全的、纯粹的强迫命令关系。因为，如果中队长完全忽视了他

人的特点和感受，完全凭自己的个人需要来给别人强加一些任务，那么，她迟早会失去他人的支持，工作上也会失败。而其他职位的同学应该从事情本身出发，对于那些非常不合理的任务，也要提出自己的意见和建议，尽到自己的职责，帮助上一级的干部圆满地完成任务。

陶老师刚才说官衔本身只是一个空的位置，它是与任务紧紧联系在一起的。这句话同时也是在告诉我们，如果没有任务，那么每个人都应该是平等的。如果我们把官衔的角色带到生活中，特别是带到与同学们的日常交往中，那将是非常有害的。它会让人感到非常的不舒服，其结果是，我们将会慢慢地失去周围的朋友，到那时候与自己做伴的，也只有官衔这样一个空壳子了。因此我们要记住：一定要把"官衔"限制在工作范围之内！

最后，陶老师对那些类似于这位中队长的班干部有一个小小的提醒。你们身上的一些缺点，已经引起了同学们的极度不满。如果不正视这些缺点，而让它继续存在，那么，即使你再优秀，你也将会失去越来越多的同学的支持，最终导致失败。同时，要锻炼自己，用自己的内涵来影响别人，职位越高的人就越应该谦虚。在此，陶老师想对那些班干部以及未来的班干部说一句话："官衔"，它不是炫耀的资本，而是责任、任务的代名词。认清"官衔"的本质，才能让你在当班干部期间得到应有的锻炼。

因此，综合上述的分析，陶老师对遇到类似问题的同学提出以下三点建议：

第一，理解别人的做事风格，消除彼此间可能存在的误会；同时，学习别人的长处，不断地完善自己。

第二，正确看待"官衔"本身，以工作任务为中心，以大局为重；同时，也要大胆提出自己的见解。

第三，把"官衔"限制在工作范围之内，特别是要与平时生活的角色分开，在不同时刻有不同的位置，这样更利于大家的正常交往。

最后，陶老师希望同学们能摆脱这类问题的阴影，找回生活中的阳光！

第十二讲　当秘密被公开以后

我们每个人的内心都有一个很大很大的世界，里面装载着很多很多的故事，有着一个又一个属于自己的小秘密。有一天，你悄悄地把你的秘密告诉了你的好朋友，并嘱咐她千万别告诉他人。但是，有一天，你发现你的秘密不知何时已经悄然地流传于同学中间。这个时候，你的第一个反应是什么？这个时候，你该如何面对你的朋友？这个时候，你又该怎样面对这个已经被公开的秘密？今天，我们心理午会所要讨论的就是这样一个问题：当秘密被公开以后。

有一封来信是这样写的：

陶老师，您好。首先我问您一个问题，您在上学的时候，被您的好朋友出卖过吗？我为什么这样问您呢？因为我现在就遇上了这么一件事情。我有一个好朋友，我们曾经闹过矛盾，但后来又成为很好的朋友了。有一次，我写的秘密被她看见了，于是我也就把秘密告诉了她，并请她不要告诉别人。她嘴上答应了，可是后来我发现，班上很多同学都知道了。我当时生气极了，当场就和她绝交了。但是，我发

现在那以后，我们班许多同学对我的态度都不一样了。陶老师，现在我该怎么办呢？

　　同学们，假如你就是这位秘密被泄露的同学，那么，你会有怎样的感受呢？是难堪、尴尬？还是生气、愤怒，以至于当场就与泄露你秘密的朋友绝交？其实，这样的情况不仅仅发生在来信的这位同学身上，还有其他同学也遇到过类似的问题。有一个同学在谈到被同学背叛的时候说："秘密被公开以后，我当时都快急哭了。不是因为我的秘密被公开了，而是因为交了一个不守信用的朋友。那一夜，我都没有睡好。"是的，在这个世界上，无论成人，还是孩子，都没有人能够承受来自朋友的伤害，没有人能够对朋友的背弃而无动于衷。因此，我们不得不思考，为什么我们需要秘密？我们怎样面对我们的秘密？

　　什么是秘密？我们是否需要拥有秘密？一个五岁的孩子都可以通过实际的行动，来对这个问题给予一个肯定的回答。因为五岁的孩子知道，在把礼物送给妈妈之前，要先把礼物秘密地藏起来。而随着我们年龄的增长，有些事情开始不愿向父母讲了。同时，也有些事情我们不愿意向同龄人透露，即使是面对自己最好的朋友。因为我们每个人都会有一个或大或小的秘密空间，这是我们的心理空间。如果一个人在别人面前完全没有秘密，事无巨细地与别人交流，那么，他的看法和行为就很容易被外界因素所左右，就会在外界的言论中迷失自我，我们称这样的人为"水晶人"，永远也长不大的"水晶人"。而有秘密，就意味着有了自我的空间，才会有自由呼吸和自我成长的可能。因此，拥有个人秘密是我们走向独立的重要标志。

　　但是，在我们每个人成长的过程中，总有一些秘密让我们不知所措，让我们感到孤单，产生一种压力。内心的秘密越多，我们内心的压力就越大。这时我们需要与人交流，才能化解秘密所带来的困惑和压力。正因为这样，我们非常需要友谊，需要对知心朋友倾诉；同时也需要向能聆听自己的长辈倾诉，因为他们是过来人，能够理解自己的秘密，帮助我们理解成长过程中所发生的一切。

　　当然，有个别的秘密，是我们在某个时期内无法向任何人讲的。那么，我们可以向大自然讲，把它写成纸条埋在某棵树下，或者以文学的方式，如写日记，以及通过艺术的方式，如通过绘画、音乐等，来表达自己的秘密和情感。总之，要找到一条合适的倾诉途径，释放压力，让我们顺利地走过一个又一个成长的十字路口。因此，如果说拥有秘密是我们走向独立的标志，那么，恰当、有效地处理秘密，则是我们智慧的象征。

　　因为每一个人都会有自己的秘密，因此，我们要学会保守别人的秘密，保护别人成长的空间。但是，这是不容易做到的。为此，在别人要告诉我们秘密之前，先别太激动，而要掂量自己是否能够守住这个秘密。要知道，这是朋友交付给我们的一份沉甸甸的信任啊。如果你觉得可能守不住，就让对方不要告诉自己；如果接受了对方的秘密，那么就要经得住各种诱惑和考验，守住秘密。当我们学会这样做的时候，我们就变得更加成熟和睿智了。

　　大家知道美国的第26任总统罗斯福吗？他曾经就任美国海军助理部长。有一天，他的好朋友来拜访他。聊天时，朋友问起海军在加勒比海一个岛屿建立基地的事。"我只要你告诉我……"这位朋友说，

"我所听到的有关基地的传闻是否确有其事？"朋友要打听的事在当时是不便公开的，可是，如何拒绝是好呢？罗斯福望了望四周，压低嗓音向朋友问道："你能对不便外传的事保守秘密吗？""能！"好友连忙答道。"那好！"罗斯福微笑着说，"我也能！"

同学们，你们看，罗斯福把这样的事处理得多么巧妙而又得体呀！而对我们来说，如果别人都知道你是一个能守住秘密的人，那就会有更多人愿意和你交朋友，自己就会拥有更多的友谊。另外，当别人把秘密托付给我们的时候，其实也可能是一种求助，需要从我们这里得到一些安慰或者帮助。如果你自己无法去帮助对方，那么可以以一些间接的、委婉的方式，向有经验而可靠的人寻求帮助。当然，即使这样，千万别忘记了在最低的限度下保守别人的秘密。

遗憾的是，在我们的生活中，我们会因为种种原因泄露，或者公开别人的秘密。有些人本身是无意的，是一种我们称为"水晶人"的人，而有些人则是把别人的秘密当作炫耀自己的资本到处宣扬。他们以为，如果自己掌握了别人的一些秘密，知道很多别人不知道的小道消息，别人就会认为自己很了不起。这其实是一种错觉。我们同学当中可能还有人把别人的秘密当作要挟别人的资本，这更是糟糕之极的事情。这样的人在显示了自己内心空洞的同时，也将会因此而失去别人的信任，从而失去真正的朋友。

在这里，陶老师要告诉那些正在保守着别人秘密，以及将来可能要保守别人秘密的同学，保守着别人的秘密，这是我们做人最基本的礼貌，即使与别人不再是朋友。可以说，想知道别人的秘密，是每个人的天性；承诺会守住别人的秘密，是一个人的本能，是一种礼貌；

能够守住别人的秘密，则是在我们头上只有自己才会看到的光环，哪怕我们守住的秘密有多无聊，有多渺小。要记住一句话："当你能把一个朋友的秘密守住的时候，你就长大了，你就成熟了。"

最后，在这里，陶老师还要告诉那些秘密曾经被公开的同学，我们一生中要经历很多事情，面对很多人，有很多事情不能和我们想象的一样，有一个特别完美的过程。被别人伤害确实让人难过，甚至痛苦，但是，我们可以选择面对伤害的方式，选择让自己学会去战胜这种痛苦，选择从这种经历中成长，成为真正的强者。

第一，可以原谅那个公开你的秘密的人。因为他也并不知道这会给你带来怎样的伤害。

第二，坦然面对被公开的秘密。要相信，你的秘密也是很多同龄人都可能会有的，只是他们没有意识到或者没有被公开而已。

第三，放松心情，正确面对同学们的眼光。大多数同学只是对这个秘密感到惊讶，并不会真的因此而嘲笑你，看低你。微笑一下，仍然像以前那样与同学们交往。

第四，在以后的生活中学会保护好你的秘密。

第五，学会适当地或者以间接的方式与朋友或者长辈分享、讨论自己的秘密。在与他人的分享、交流中减少过多秘密所带来的不必要的压力。

希望每个同学都能从今天的午会中得到启发，拥有属于自己的甜美秘密，拥有快乐的人生。

第十三讲　男生的烦恼

同样的时间，同样的地点，我们的心理午会节目又和大家见面了。在今天的午会中，我们要和大家一起分享的主题将会是什么呢？那就是：男生的烦恼。

同学们，你们还记得上一个学期，我们曾经分享讨论过一个题为"男生女生是冤家吗"的午会吗？在那次的午会中，我们讲述了女生被男生欺负的种种烦恼。当时陶老师心里就一直在想，我们的男生为什么要去欺负女生呢？他们自己会不会因此也感到苦恼呢？哎，真巧，上个星期，有一个男生就给陶老师写了一封这样的来信，表达了他自己的烦恼。同学们，究竟这位男同学有怎样的烦恼呢？你们想不想和陶老师一起揭开这个谜底呢？好吧，那我们就赶紧打开这封信看看吧。

这位同学来信的题目是：男生的烦恼。

陶老师，您好。不知道为什么，我不太喜欢女生，除了我的亲人。这学期老师给我换了一个位置，因为四人小组是一队。我是一个男生，还有三个女生。因为我不喜欢女生，所以我经常欺负女生。那三个女生都被我欺负了，还有后面那个女生。有一次，我跟她开个玩笑，她却认为是我在欺负她，她就告诉了老师。后来，那四个女生都告诉了老师，老师很生气，就重新给我换了一个位置。

还有一次，我把一本书扔到一个女生的脸上。那个女生的脸上就有一道伤痕。

但是，有一次语文课上，有一个女生，她先欺负我，我转过身打了一下她。老师看见了，把我给拉上讲台。老师认为是我先打她的。

陶老师，我什么时候才不欺负女生呢？

最后，我在学习上遇到一些困难，但是我周围的女生现在都不愿意理我了，不愿意帮我的忙了。陶老师，请你帮我解决这个麻烦。请在下星期的心理午会上念，谢谢您。

这是一个让人烦恼、也让自己烦恼的男生。他确实碰到了难题。那么，我们该怎样帮助他解开这个难题呢？在回答这个问题之前，陶老师先要请同学们来猜一猜，这封信可能来自哪个年级？陶老师把这封信和以前的那封信作了一个对比，真是很巧，这两封信都是来自同一个年级，不是低年级，也不是高年级，而是我们中段年级的同学。这样的巧合说明了什么呢？说明男生和女生之间的矛盾和争吵，在中段年级的同学身上比较明显，也是我们这个年龄阶段的特点之一。正确处理这个时期男女生的矛盾，关系到同学们之间的正常交往，以及未来的人际交往。处理得好，自己身心能够得到良好的发展；处理得不好，不但会伤害别人，也会伤害了自己。因此，陶老师认为，这个烦恼的男生给我们大家都提出了一个很好的问题：男生女生怎样相处。无论是低年级同学，高年级同学，还是我们正在亲身经历着这个问题的中段年级的同学，都是非常有意义的。

那么，如果一个男生常常欺负女生，原因可能有哪些呢？

首先，他总是把女生看成自己的竞争对手。注意，陶老师这里说的是"总是"。其实，把另一种性别的同学看作竞争对手，这也是我们小学，尤其是中段年级同学的心理特点。在一、二年级时，同学们没有清晰的性别概念，大家开开心心地、手牵着手一起玩。不过，随着每一个人性别意识的不断增强，两种性别的差异就凸现出来了。男

生女生常常为自己的"领土"而奋战，彼此不相让。

当然，这样的竞争是必需的，也有着许多的好处。好处一：在这种一来一往的竞争中，彼此都能够了解对方有哪些优势，又有哪些不足。例如，男孩子力量比较大，但语言能力总体上又不如女孩子；而作为女孩子，她们力量比较小，语言能力又比较强，比较容易赢得别人的支持和信任。好处二：在竞争中能不断地提高自己的能力。曾经有个同学向陶老师讲了一件发生在她身上的事情，体现了竞争的好处。

我是班里的语文科代表，后来，不知道什么原因，班主任安排了一个男生做我的副手。谁知道，纠纷也就出现了。常常在收作业的事情上，我们发生争执。这样的争执往往是我落在下风，不得不做出让步，本子送到老师那儿，常常是你三叠，我三叠，就连发本子也是一人一半，决不相让。见我们这水火不相容的气势，老师无奈，拿出杀手锏：这学期语文总分谁高，谁就当科代表。这法子似乎很有效，一下把我们制约住了。俗话说："有压力，才有动力。"为了取得好成绩，我不懈地努力着，别人休息，我不敢放松，生怕分数就这样从指缝中溜走了；别人努力，我更不敢懈怠，怕就这样被追上了。不仅我们如此，其他同学也一样。这样的竞争，对我们的能力和成绩都有帮助。可以说，我们在竞争中成长，在较劲中提高。但是，如果总是把对方看作竞争对手，甚至是一种威胁，在每一件事情上都要去竞争一番，那么，竞争就变得没有意义了。

其次，他忽略了男孩和女孩所具有的共同点。在这个阶段，虽然是男生女生相互竞争的阶段，但我们还应该看到男生和女生的共同点，这是合作的基础，也是平等竞争的基础。曾经有同学向我抱怨说，"陶老师，你知道吗，我们班里面的两个纪律委员都是女的。我真希望老师能够重新选举，我觉得应该是一个男孩一个女孩才行。男孩子管男孩子，女孩子管女孩子"。同学们，你们认为，两个纪律委员都是女生，就一定管不好班集体吗？男生管男生，女生管女生，就一定能够让大家心服口服吗？当然不是！那么，管理班集体究竟是取决于什么呢？

陶老师认为，重要的在于这两个纪律委员是否能够发挥自己的管理能力，而这种能力其实是不分性别的，是男生女生都共同具有的。随着年龄的增长，男生女生之间的差异确实是越来越明显了。喜欢的游戏越来越不同了，男生更喜欢力量型的游戏，而女生更喜欢手工的、轻巧的游戏。但是，有些游戏是大家都可以玩的。例如跳绳、接力棒，而在学习方面，男生女生也可以找到共同交流、探讨的平台。我国著名儿童文学作家冰心常常教导女儿说，"你首先是人，然后才是女孩子"。因此，如果忽视了这种共同点，而夸大了两种性别的差异，那么，就会使得男生女生之间就只有竞争，而没有合作了。

因此，如果你们正面临着这样的困惑，不妨这样来想一想，做一做：

第一，发挥自身性别的优势，赢得别人的欣赏和尊重。比如说男生，力量应该用于帮助集体、帮助女生，而不是欺负女生；女生也应该用自己的懂事和良好的语言能力，来营造一个和谐的班集体。

第二，学会平等地竞争，并在竞争中逐步提高自己的能力。以大欺小，以强欺弱，这并不是平等竞争，并不能让我们的能力有所提

升。把个人的竞争转移到学习中、课堂上，以及体育运动项目等方面的竞争上，既能培养我们平等竞争意识，也能够提升我们自己各方面的能力。这样的竞争是积极的、有意义的。

第三，积极参与班集体以及学校开展的集体活动，消除差异与误会，找出男女生的共同点。

同学们，怎样在竞争中合作，在合作中竞争，这是我们现在以及将来都要面对的问题。给我们来信的这位同学，正处在一个转折点上，他已经意识到自己这样做不好，并试图寻找解决的办法。陶老师真心希望并相信，他用诚恳和勇气能获取崭新的明天。同时，陶老师也真心希望，我们所有的同学，都能在未来的日子里学会尊重他人，发挥优势，弥补不足，在与他人的平等竞争中，不断提高自己的各种能力，成为一个优秀的人。

第十四讲　我不善于拒绝别人

亲爱的老师们，同学们，大家中午好。今天我们午会的主题是：我不善于拒绝别人。

同学们，在生活中，你是一个善于表达自己的人吗？你能够勇敢地表达自己的想法吗？在这方面，你曾经遇到过困惑吗？让我们来看一封来信：

陶老师，您好！我是一个不善于拒绝别人的人，因此烦恼便来了。

　　我们班有一个女生，跟我的座位离的很近。每次她写错字了，都在我的文具盒里拿我的橡皮擦。有一次我忍无可忍了，就对她说："你不是有吗！干吗老是用我的？"而她却生气地对我说："借一下！"

　　还有一次，她把我的钢笔盖弄丢了。她拿了一小块白巧克力和我被强行"借走"的钢笔，对我说："我不小心把你的笔盖弄丢了，这个作为赔偿。"我看着那块巧克力，心想："没有笔盖，钢笔就完了。"我不爱和别人斤斤计较，就没有找她赔偿。

　　更可气的是，我借给她那么多东西，而她却一次都不肯借我。有时我忍无可忍了，就大声为自己辩解。

　　陶老师，面对这种人我该怎么办？

　　首先很感谢这位同学对陶老师的信任，让我能够分担他的烦恼。我想，人际关系中的问题是每个人都会遇到的。处理人际关系的能力高低，将直接影响一个人是否能够拥有别人的友谊。

　　那么，这位给陶老师来信的同学所遇到的人际烦恼是什么呢？他信中的第一句话是，"我是一个不善于拒绝别人的人"。那么，他为什么想要拒绝别人呢？他遇到什么不合理的事情了吗？在来信中，我们可以看到，主要的起因是班上的一位女生老借他的东西。他举了三个生活中的例子：一是"她每次写错字都在我的文具盒里拿橡皮"；二是，女同学把"我"的笔盖弄丢了，单方地用一些食物作为补偿，却没有问问"我"是否同意；第三个例子是，"我借了她那么多东西，而她却一次都不肯借给我"。给我们来信的这位同学心里感到很不平衡，同时，他也不知道该怎么去面对这位女同学，所以才给陶老

师写了这封来信。

同学们，你们在生活中有没有遇到类似的事情？你又是怎样来处理这样的事情呢？

陶老师想要对来信的这位同学，以及有着类似困惑的同学说，你们都是心地善良、大方的孩子，正是因为你们大方，所以同学才会乐意向你借东西，乐意接近你。乐于助人，这是一种难能可贵的品质，这一点陶老师希望你们能继续坚持下去。至于给我们来信的这位同学说的第二点，女同学用她自己的方式来赔偿你的钢笔，这说明她并不是故意的，她也意识到了自己做了一件不好的事情，你后来没有和她计较，这也是一种大方、宽容的表现，是值得我们肯定的。

在来信中，我们可以看到，信中提到的这位女同学是一个很主动的人，经常拿别人的橡皮擦等学习用具，把别人的钢笔盖弄丢了，就主动拿些东西来补偿。至于拿别人的东西是否会让对方感觉不愉快，以及补偿的方式是否让人满意，我们感觉，这位女生好像并不知道。别人对自己行为的反应，她似乎也不关注对方对此有什么反应。

对此，来信这位同学需要做的，就是要将自己的想法说出来，用一些办法让对方感觉到，比如对对方说，"要不然我带你去买一个擦子吧"，对方可能就会说，"我有擦子啊"，"既然你有擦子，那为什么老用我的擦子呢"，这是在提醒对方——她有她的擦子。

另一方面，来信的这位同学还需要进一步清晰自己的想法，并坚持，比如当对方用巧克力来赔偿弄丢了的笔盖时，他的心里面明明是不喜欢这样，也不同意这样一种做法，但结果却还是收下了对方的东西，默许了对方的行为。他其实可以大大方方地拒绝对方："我并不想要你的赔偿，但你以后用我东西的时候要小心，不要再弄丢了。"他没有这样做，就是不尊重自己内心的想法，也就丧失了一次提醒对方尊重自己物品的机会。

关于信中说到的"我借了她那么多东西，而她却一次都不肯借给我"，我也想就此问题问问在座的同学们，如果你们遇到类似的情况，你们会怎么做呢？我想很多同学的第一反应就是："那我下次就不会再借给她了。"这种反应是很正常的，因为我们古代的《礼记》中有这么一句话："来而不往，非礼也。"这句话的意思是说，两人之间的交往应该有来有往。仅仅有来或者仅仅有往都是不够的，把这句话放在刚才的情形中，就是说，如果你仅仅从别人那里借东西，而从来不借东西给别人，那么你的行为就是一种没有礼貌、没有礼节的表现；而如果只有你借给别人东西，而别人从来不借东西给你，那么，你也会感觉到不舒服，感到自己没有被别人尊重，甚至被别人漠视。因此，对于"来而不往"的双方来说是不平等的，它导致的结果是，人际关系以破裂告终。

所以，当我们感觉到自己与对方的友谊并不平等时，我们友谊的双方都得反思两人之间的关系，究竟哪里出了问题，应该怎样重新调整两人之间的相处模式。她没有借东西给你，是因为她当时正在使用呢，还是其他原因呢？如果她在任何时候、任何东西都不借给你，那这位同学是比较自私的。如果这让你很不舒服，那么，下一次她再借你东西时，你完全可以大方直接地说："对不起，我要用，你借别人的吧。"或者她主动拿你的东西时，你要拒绝她，说："你还没有经过我的同意吧？"总之，要清楚自己的想法，然后明确表达出来。当然，这也不能一概而论，有些同学不会因此感到不舒服，那么，自然

也不需要通过拒绝来表达什么。

当然，通过这封来信，陶老师也想给一些同学提个醒，当你没有经过别人同意而拿别人东西时，当你总借别人东西而从不借东西给别人时，都会让对方感觉到自己不受尊重，所以，先问后用，有来有往，才是合乎礼节的一种表现，才是一种有教养的行为。

第十五讲　两个好友不和

前段时间，陶老师收到了一封这样的来信：

陶老师，您好！我是一个四年级的学生。我有一个烦恼，那是来自我的两个朋友。她们一个姓曾，一个姓袁，都是我好不容易才交到的朋友。曾会和我谈心，让我开心；袁学习好，在学习上我们一起努力。可我发现，她们俩很不友好。

袁背着曾给我说，曾缺点多，叫我不要和曾玩，不然就不和我当好朋友了。曾也这样说袁。

她们的确有很多缺点，所以，我交到她们为朋友开始，我就努力改变自己和她俩，又努力让她们好起来，可到四年级的时候，也无效。

陶老师，我还能做什么？

陶： 你自己有没有遇到过这种情况？
黄： 遇到过。以前我的一个朋友跟我说另一个朋友的缺点，说她成绩不好，而且总是自以为是，让我不要跟她玩。

陶： 你觉得情况是像她所说的那样吗？

黄： 有一点点夸大，但总的来说是这样的。

陶： 那你还会继续和那位有缺点的同学玩吗？

黄： 会啊。因为我当时和她玩得还比较好。

陶： 她身上不是有许多缺点吗？

黄： 交朋友主要是看她身上的优点。如果老看缺点，就交不到朋友了。

陶： 那如果你继续和那个朋友玩，你会不会担心这个朋友因此而疏远你？

黄： 不会。

陶： 也许是因为你的这位朋友没跟你说，"如果你再跟谁谁谁一起玩，我们就做不朋友"这样的话。

黄： 她确实没有这样说，最多就是说"谁谁谁很小气，你不要跟她玩"，但也没有说要绝交的话。我觉得真正的好朋友是不会这样说的。

陶： 所以，我们反过来看她们之间的友谊，就感觉不是很稳定，也不是很牢固。这是我们从来信中得出的第一个重要结论。

黄： 另外，我觉得她的朋友说的话也有些相互矛盾，一方面说谁谁谁有缺点，让她不要跟她玩，给人感觉是怕她近墨者黑，是为她好，但最后又说，不然就不和她当好朋友了，给人感觉她不够宽容，甚至有些霸道，有种威胁别人的成分在里面。

陶： 但是，如果我们发现自己的朋友交上了一些不良的朋友，我们难道没有义务和责任去提醒她吗？

黄：我觉得她的两个朋友都不属于这种情况，只是像她来信中所说的那样，有缺点而已。人无完人，谁没有缺点呢？

陶：我很赞成你的观点。我想，她的朋友之所以说出这样的话，无非是出于以下两个原因：一个是如你刚才说到的她的朋友不够宽容，不能容忍别人的缺点。另一个可能是她的两个好朋友之间曾经发生过不愉快的事情，并且这个心结还没解开，还时不时表现出来，就像来信中所提到的那样。

黄：在这样的情况下，我觉得不能按照她朋友所讲的那样去做。

陶：那你觉得要怎么做呢？

黄：可以问问她们之间发生了什么事情？为什么她要这样说？是不是以前产生了什么误会？

陶：事实上就是帮助她们化解彼此的误会。那在这方面，你有什么好的建议吗？

黄：可以找一个机会把误会说清楚，让她们能多了解对方一些。

陶：那找什么样的机会呢？

黄：她们两个心情都不错的时候，或者其中一个在某件事上帮助了另一个的时候。

陶：还可以是自己生日的时候，把两个好朋友聚到一起，或者就是"六一"儿童节，邀请她们一起出去玩什么的。总之，就是在一种比较自然放松的情况下，让三个人能够敞开心扉，彼此谈谈心，这样也许就能化解两个好朋友之间的冲突。但是，如果最后的努力都没有效果，那又该怎么办呢？

黄：可以去交更多的朋友。而且，长期和两个固定的朋友玩，也许会没有太多的乐趣和新鲜感了。

陶： 我觉得，不管怎样，有一点是很重要的，那就是要明白自己所处的是一个协调者的位置。我之所以这么说，是因为我觉得她有点自责的倾向。她来信中有这么一句话，"我就努力改变自己"。她觉得是自己做得不够好。言外之意就是，"如果我做得足够好，她们应该就会和好"。

黄： 我觉得她自己没有必要因此而自责。就像刚才我所说的，有矛盾的是她的两个朋友，只不过碰巧她们都是自己的朋友罢了。

陶： 我还在想，她为什么会这么想要撮合她的两个朋友。一方面，当然是她这两个朋友都很不错，另一方面，这是不是也有她自身的原因呢？

黄： 或许有些胆小，不敢去交更多的朋友。

陶： 嗯，来信中她说这是她好不容易才交到的两个好朋友。其实，她可以更勇敢一点，去交更多的朋友。只要她把眼光放到其他同学身上，就会发现其他人也有很多优点，比如善良、幽默、善解人意，等等，都是值得交往的。

黄： 她的好朋友也可以交其他的朋友。总是争夺一个朋友是没有什么意义的，也不会让友情加深。

陶： 就是这样的。如果我们老是把自己局限在一个小圈子里，最终会变得目光狭窄。相反，如果我们有足够多的朋友，我们会变得大气和宽容起来。

黄： 说不定在以后的某一天，她的两个好朋友又因为某件事情而和好了。我觉得这是很有可能的。

陶： 这就叫作"有心栽花花不开，无心插柳柳成荫"。你千方百计想让她们和好，她们却不和好。你不管她们，顺其自然，反而

能够促成这件事。在这里，我希望她的两个好朋友能尽快和好，这样她就不用那么为难。但我更希望她能尽快从这种处境中摆脱出来，去交其他的朋友，真正享受朋友之间相处的快乐。也希望遇到类似烦恼的同学能从今天的午会中得到一些启发，能轻松解决类似的问题。

第十六讲　怎样才能受人重视

今天我们午会的主题是：怎样才能受人重视。

在这几个星期收到的来信中，有不少信件是要求公开的，希望陶老师在广播上给予回答。今天我们就来回答其中一封来信的问题。来信是这样写的：

我有一个困扰已久的烦恼，那就是我无法彻底改变别人对我的看法。

记得一年级刚入学的时候，我的胆子很小，说话声音不大。现在升入高年级了，在这几年的时间里，我一直很努力地改变自己，可是同学们还是说我声音小。我现在担任班上文艺委员的职务，可是我领唱的时候，还是有人说我声音小，我纳闷了——我的声音真的那么小？

二、三年级时我一直没有好朋友。到四年级，我有了一个好朋友。可是，大家对她的印象不是很好，这又加深了别人对我的不好的印象。

我在班上好像成了一个被人忽视的角色。我说了一句什么话，不管有多么重要，大家好像都不在意。而有些同学却成了一个被人重视的角色。他们就像故事"东施效颦"里的西施，她们做的事，总是被人模仿。

陶老师，请你帮帮我，怎样改变他人对我的看法？怎样交到很多好朋友，成为被大家重视的角色呢？

信到这里就念完了。我想这封信一定会让我们在座不少同学产生共鸣。这位同学觉得自己不够优秀，她内心深处有一种渴望，想要改变自己，做一个更好的自己，成为受人尊重、得到认可的角色。为此，她做了许多努力，包括努力改变自己的音量，但是，她这样做，却还是感觉自己没有得到重视，自己说的话没有引起大家的注意，总是有同学说她声音小，所以她才写了这封信，希望得到更多的指点和帮助。

同学们，怎样才能让自己受到大家的重视、得到大家的认可呢？那么，我给大家20秒的时间来想一想这个问题。

好，我想，每个人的内心都已经有了自己的答案。让我来猜一猜。你是不是认为学习好的同学容易受到重视？你是不是认为对人友善，愿意和大家一起玩的人会受到重视？也许你还会想，要想得到别人的重视，那就要发挥自己的才能，体现自己的价值，以及对社会有贡献？其实，这不是猜想，是陶老师采访过一些同学得到的结论。不过，除了这些，还有同学特别提到不要哗众取宠，尤其不要为了引起别人注意而招惹别人。

我觉得，这些都是非常好的回答，其中有一点，陶老师觉得说得

特别好，那就是"发挥自己的才能，体现自己的价值"。我记得在陶老师刚刚进入我们学校工作的时候，班上有一个很调皮的男生，一直是班上不受欢迎的人物，大家都不喜欢他，老师也觉得头疼。后来，在一次"72行综合实践活动"中，他担任了班上的售票员，负责推销班上的产品。他抓住这次机会，展示出了他善于交际的才能，结果使得自己班上的产品十分畅销。他也因此赢得了"售票大王"的美誉，同学们也由此对他刮目相看。

同学们，其实校园中有很多很多这样的机会。要想让我们自己受到别人的重视，获得他人的认可，就一定要努力把事情做好，而不要过于关注自己身上的不足。对来信的这位同学来说，她确实很努力去让自己的声音变大，可是，要把这件事情做好，除了领唱，是不是还有其他很多办法可以去想呢？是不是还有很多空间去改善呢？比如，陶老师所知道的，有些班上的文艺委员为了调动大家午间歌唱的积极性，征集同学们最喜爱的歌曲，然后把多媒体电视利用起来，同步放出歌曲和歌词。这样，同学们可以边看电视边唱，非常认真和投入，这样歌唱的效果也就出来了。你看，这不就可以克服声音小的问题了吗？其实，只要发挥自己的聪明才智去想办法，还是会有很多好办法的。目前，午间歌唱是我们学校德育工作的四大主题之一，如果你在这方面有好点子，就一定能让班上的歌唱起来。有了效果，就一定会得到大家的认可和肯定。这样，威信就自然而然地建立起来了。

唐朝的诗人李白有一句话说得特别好，"天生我才必有用"。每个人无论他是什么人种、什么性别、什么家庭出身，都有他自己的才能和用处。只要你努力发挥，就一定能得到大家的认可。我们学校一直都倡导"让每个孩子都优秀"，也努力地给同学们提供不同的实践平台，让大家参与，让大家锻炼。除了课代表、文艺委员等岗位，我们还有图书管理员、农场管理员，甚至还有课桌保洁员，这些岗位都是我们实现自我、发挥才智的地方。再平凡的岗位，只要我们努力，都可以做得有声有色，得到别人的认可。

当然，被别人认可的方式有很多，比如评上"新三好""校三好"是学校老师和同学对自己的一种认可；作文被老师当作范文来读，这也是一种认可；自己的某些行为被同学们模仿，是一种认可；还比如，当别的班在某些方面被学校批评，而我们没有，那么，这也是对我们工作的一种认可。有时认可的方式并不是当众表扬，这个时候，我们虽然不是众人注目的焦点，但一定是在表明我们存在的价值。我们每个人都可以凭借自己的良好表现而成为班上不可缺少的一分子！

所以，想方设法把简单的事情做好，这就是我们受人尊敬、获得认可的最大法宝。

当然，还有一点也很重要，就是不要苛求自己，不要把目光总放在自己的缺点上。我们每个人首先要接受的一件事就是：每个人都有优缺点，这是很正常的一件事。所以，对自己的缺点要多些耐心，不要把自己的目光全部放到自己的缺点上。当然，这并不是说可以对自己的缺点视而不见，不再努力。我希望大家正确对待自己的缺点，慢慢去克服它。

同学们，现在你们知道怎样才能获得别人的重视和认可了吗？那就是首先把事情做好，而且是想方设法把事情做好，做到最好。其次，不要把目光总放在自己的缺点上。这样，不仅仅是别人认可你，

喜欢你，你也会认可自己，喜欢自己。你的生活就会充满生机，充满阳光，充满快乐！

第十七讲　同桌老是欺负我

在近期的来信中，很多同学都不约而同地说到与同学相处的问题，尤其是不少同学提到被人欺负的问题。他们感觉被人欺负了，又找不到很好的解决办法，所以他们在学校里过得很不开心。那么，我们该怎样来看待这个问题，又该怎样来解决类似的问题呢？这就是我们今天午会所要探讨的话题。让我们先来看一封来信：

陶老师，你好。最近我很不开心，我的同桌老是欺负我，他常常把我的东西藏起来，我要用尺子或是橡皮擦的时候经常找不到。如果我去告诉老师，他就会偷偷地把东西还到我的笔盒里。再这样下去，我想老师就不会再相信我的话了。老师总是教我们要和同学讲道理，我叫他不要再藏我的东西了，可他却总是嬉皮笑脸的一点都不改，有时还动手抓我、打我。

爸爸知道了，叫我也把他的东西扔掉。还说如果他再动手，我也要还击，每个人都要学会保护自己。可是我知道打架是一件很不好的事情，老师说的和爸爸说的一点儿都不一样，我该怎么办呢？

同学们，你们身边发生过这样的事情吗？你是扮演着受到困扰的角色呢，还是扮演着给别人带来困扰的角色呢？面对此类问题，我们该怎么解决?

有同学说,"我会反击",有同学说,"我会告诉老师",这位女同学是怎么做的呢?她选择的是告诉老师,还回家向爸爸请教。可是,这反而让她犯迷糊了,和同学讲道理吧,对方不听,而且好像还变本加厉,像爸爸说的那样动手还击吧,似乎自己也成了打架的坏孩子了。她很为难,所以给陶老师写了这封来信。

接着她的两难问题,陶老师想和大家探讨以下两个问题:还击就一定要动手或者骂人、诋毁别人吗?还击就不是好孩子了吗?我相信,有不少同学把还击误解为打架,因为不想成为不受欢迎的坏孩子,所以常常在被欺负时,只是一味地忍让。时间久了,在突然的某一天,却以一种大家都觉得很不可思议的举动爆发出来,比如像发疯一样地大喊大叫或者对对方大打出手。

因此,我很感谢这位同学的来信,让我能够对此类问题有一个澄清的机会,让我们能够避免一些比较糟糕的后果。

其实,保护自己是一种正当的行为。当然,保护自己的方法有很多,并不一定要动手还击。还击的方法有很多,有些还击是简单的、直接的,甚至是粗暴的,比如像给我们来信的这位女同学的爸爸说的那样,"也把对方的东西扔掉",如果这种方法能够达到让对方停止此类行为的目的,那也行。但是,一般来说,很多人这样做,往往都达不到很好的效果,甚至会引发更大的冲突,所以一般不提倡此类还击行为。还有一些还击的办法是巧妙的。比如不予理睬、主动示好、适时地报告老师、告知家长,等等。每个人都要根据自己的特点和当时的情况选择最佳的还击方式,但前提是你要正确地认识自己和对方的目的。

陶老师认为，欺负别人的同学是通过抓住对方的弱点来欺负对方，从而达到一定的目的。因此，在遇到此类问题时，我们都应该好好地回想一下，当他欺负你的时候，你是怎么表现的？是当着同学们的面哭鼻子呢，还是给他点好处，或是在他的胁迫下做了你不愿意做的事才得以解决……你一定要好好地想清楚，然后根据他的目的进行恰当的反击。

如果他只是喜欢与你开玩笑，你可以试着给他写一封信，表达自己对这一事情的真实感受，以及自己想与他交朋友，希望能友好相处、互相尊重的想法，还把自己的好东西和他一起分享，以退为进，主动出击。根据老师的经验，一个异性同学如果老是喜欢与你开无伤大雅的玩笑，那他可能是喜欢你的，他可能欣赏你身上的某种优点、某种气质，也许连他自己都没有发觉，他只是希望通过开玩笑来引起你的注意。这个时候，你的主动出击会让你解除一个烦恼，而且多了一个朋友。

如果他是因为捉弄你而感到快乐，你就应该学会保护自己的东西，把东西收拾好，锁进书包。如果仍不小心丢失了，不要生气、着急或哭泣求饶，因为如果你的反应让他觉得有趣，有意思，他就会继续捉弄你。所以，你一定要控制自己的情绪，冷静地对待这件事，包括冷静地对待他，让他摸不着头脑，让他感受不到捉弄人的乐趣，相信用不了多久，他会对捉弄你失去兴趣。

还有一种情况，是因为同学之间相处不愉快，曾经发生了某种冲突或者某种误解而导致的一种故意的捉弄或者报复行为。这种情况在同性同学身上出现得比较多。常常是因为矛盾一直没有化解，而导致此类行为的发生，严重的甚至可能会发展至打架。在这种情况下，我们得回想究竟是什么事情阻碍了两个人之间的正常交往，然后想办法与对方好好谈一谈，一起分析原因。如果对方推卸责任，仍然随意发脾气，那么，我们可以请求老师的帮助，包括陶老师。还可以请家长帮助，家长可以直接和对方家长谈，也可以和老师谈，引起老师的重视，帮助我们解决此类问题。

最后，陶老师也要提醒那些爱捉弄别人、欺负别人的同学，所有的玩笑都应该有一个度，不应该把自己的快乐建立在别人的痛苦之上，否则你失去的不仅仅是别人的友谊，而且还会失去每个人身上最基本的品质：尊重他人！有矛盾，有冲突，我们就要去面对、去化解，而不是消极地逃避，或者把责任推给别人。我希望我们每个同学都能从学习和生活中找到真正的而且是持久的乐趣，在与他人的愉快相处中感受快乐，在帮助他人、关心他人的过程中找到真正的乐趣。

以上是陶老师给我们同学的一些建议。当然，对于遇到类似烦恼的同学来说，当你决定采取一种办法之前，你一定要静下心来听听自己内心的声音，也不妨听听周围同学的看法，还可以征求老师与父母的意见。每个人都是在处理问题的过程中慢慢长大的，相信这位同学，以及其他同学一定会在解决问题的过程中感受到成长的快乐，相信成长中经历的每一件事将来都会成为你们记忆的珍宝！

第十八讲　掺水的"小明星"

老师们，同学们，大家下午好。

校园生活中，经常有各种类型的评比活动，有班级评比活动，也有全校的评比活动。很多同学都在这样的评比和竞争中努力表现自己，不断进步，成为老师和同学们心中的"小明星"。可是，也有一些同学，他们不像前面所说的同学那样，通过努力竞争评比，而是采取了另一种特殊的途径，通过这种途径，他们也当上了所谓的"小明星"。他们究竟采取了什么样的特殊途径？我们该怎样来看待和评价这种现象呢？这就是我们今天的午会主题：掺水的"小明星"。

让我们来看看这样一封来信。

亲爱的陶老师：

您好。我是一个中段年级的学生，我有一个苦恼，那就是老师盖的星星。我们班上每两个星期或一个月要评一次"小明星"，大约有20个名额。不管我如何争取机会，可都评不上。我的成绩在班上排在前5名，可那些比我成绩差的同学都能评上小明星，我为此感到很困惑，所以我决定跟踪他们的星星增减数量。结果到了下一回评"小明星"的时候，那个被我跟踪的同学竟然比我记录的多出30余颗星星。我去校门外面的商店里看玩具的时候，看见有老师用的印章，心里便明白，他们一定是在星星数量上掺了"水"。我心里不服。

后来，老师的印章掉了，便去外面刻了一个。那十多个同学的星星便减少了一大半。可后来，我又看见他们在评小明星之前去刻章店刻了一个印章，又蒙混上榜。我不想跟他们一样弄虚作假，但又不能不采取行动，于是我想起了您。

在我姐姐的班级也有类似的情况，但姐姐怕老师责备不敢说，我也万分小心。我希望您在星期四午会时向全校公布，我也怕老师责备和同学笑话而不敢透露班级姓名，请老师见谅。老师们原本想培养大家的竞争力，可同学们却背着老师作假，欺骗自我，不思进取。希望通过心理午会让大家知道，这些情况不止发生在我们班，还有许多班级都是如此。希望老师发觉并停止使用盖印章印花的方法，可以仿效中学，用一张大表挂在墙上，记录每人的操行分、评比，但不要太伤那些成绩不好的同学的自尊心，要多与他们沟通。请老师一定在午会上宣读，然后撕毁原稿。

当我收到这封来信时，作为老师的我，感到非常的吃惊。没有想到在我们的校园中还有这样的行为和现象。我们学校和老师采取积分、积星等评价方式的出发点是鼓励同学们积极进取，不断地完善自己的行为，提高同学们的能力。如果这位同学所说的情况属实，那么，作为老师，我们真的感到十分遗憾，同时也感到难过。

那么，这些同学为什么会采取这样一种特殊的途径，来给自己加分加星呢？我们又该如何正确地来看待评比活动呢？

首先，这种自己盖印章得星星的行为的背后，是一种渴望荣誉的心理。他们希望给老师和同学留下好印象，希望获得别人的肯定和表扬。这一追求荣誉的心理是值得我们肯定的。"小明星"是一种荣誉，成为"小明星"，说明我们在追求进步，表现优秀。每个人的内心都希望自己成为别人心目中的"小明星"。这些同学也不

例外。

其次，这些同学选择了一种错误的方式。也许是因为他们太急于获得别人的肯定，或者他们不愿意付出更多的努力和行动，放弃了一般同学所采取的正常渠道，而选择了一种非正常的、快速的途径，来实现自己的目的。事实上，大家冷静地想一想，这种方式除了让我们得到短暂的满足感以外，还有其他的意义和价值吗？它能让我们的能力得到提高吗？它能让我们的行为更加规范吗？它能让我们自身得到真正的发展和提高吗？答案一定是否定的。

也许，这些同学当时并没有想到更多，而仅仅是为了得到老师的表扬和同学们的肯定。但是，在事后冷静下来，我们就应该好好想一想自己的行为，问自己这样三个问题：

第一，下次评"小明星"，我是不是还要继续这样做？如果继续这样做下去，是不是永远都不会被人发现？如果被发现了，我将会面临怎样的处境呢？我们都知道，只要作假，是迟早要被发现的。那时，不仅仅会失去原先的荣誉，给人留下不诚信的不良印象，而且就连本身的优点也可能会被一同否定。这当然是每个人都不愿意看到的。

第二，这样的行为真的对我有帮助吗？也许它会给你带来暂时的、表面的荣誉，以及别人羡慕的目光，但是因为它来得并不是那么正当，它并不能给你带来真正的快乐，反而因为这种不诚信的行为，你的内心不能得到平静。同时，它掩盖了你身上的不足，让你自我陶醉、不思进取，不再进步。

第三，我的这种行为会对别人造成影响吗？这样做对自己是无益的，那么对别人呢？那更是无益的，甚至还是对别人正当权益的一种侵犯。因此，这种损人、损己的行为，应该马上停止。

再次，这种行为的产生，在某种程度上与我们教育管理工作的粗心和疏漏有关。来信中，这位女同学在班上是表现比较好的同学之一，然而，每次评比的结果是，那些表现一般或不怎么好的同学得到的星星却比她得到的要多出30多颗。很遗憾，可能由于工作比较繁忙或者其他原因，老师们还没有发现这个问题。这使得某些想要获取荣誉但又不愿意付出辛勤劳动的同学有机可乘，继续利用错误的方式来赢得"小明星"的称号。我相信，对此，老师将会做出相应的调整，并采取有效的管理措施，来消除这类现象。同时，我也希望我们的班委以及每位同学都本着主人翁的态度，关心班集体，发现问题，并及时汇报老师，做老师的得力助手。

最后，对于给我们来信的这位同学，她发现了周围同学的一些不良现象，没有跟风，而且能够通过书信的方式告诉老师，这点是值得肯定和表扬的。我和这位来信的同学的愿望是一致的，希望通过今天的午会，消除校园中类似的不良现象。对此，除了我们这位同学提出的希望和建议以外，陶老师也对大家提几点希望和建议：

1. 希望我们私自盖印章的同学能够迅速改正，从今天开始，踏踏实实地做好每件事情，用正规的途径来获得老师、同学的认可。放弃那种不劳而获的幻想，不求快，但求脚踏实地。我相信，总有一天，你们的行动和努力会赢得老师和同学们的认可和肯定。

2. 学会自己跟自己比。我们不仅仅要跟别人比，找出差距；更重要的是，要跟自己比。这一点大家千万要记住。自己跟自己比，才会比出进步，比出自信。我们的成长就是由我们一点一滴的进步构成的。

3. 面对不良现象时，更加勇敢。本着"我是班级小主人"的精神，大胆地、勇敢地向老师进言，让我们的班级工作更细致，更到位。优秀的班集体离不开你们的努力和参与。

同时，学校和老师，包括陶老师，在实施评价时会把工作做得尽量细致，以杜绝此类事情的再次发生。

第十九讲　同学不相信我，怎么办

老师们，同学们，大家下午好。很高兴又到了我们周四的心理午会时间。今天我们午会的主题是：同学不相信我，怎么办。

在心语聊天室，我常常接待一些为考试而感到烦恼的同学。有些同学是因为考试考得不好，担心回家以后被父母批评，但是有一些同学，考试考好了，却也还是有烦恼。他们的烦恼是什么呢？我们在座的同学也曾经有过这样的烦恼吗？你们又是怎么解决这样的烦恼的呢？接下来，让我们一起来看看一位同学的来信。

陶老师，您好。上次数学我考了高分，我高兴极了，因为我的分数比同桌的还要高。他平时是学习尖子呢！可是后面的同学却说，我是抄别人的，是做了弊的。我很伤心，这明明就是我靠自己的努力考出来的，为什么他们要这样说我呢？

说实在的，当我第一次看完这封信时，心里也很为这位同学难过。明明考了好的成绩，却被别人怀疑，这真是让人气愤。后来，我再读第二遍、第三遍的时候，心里就冒出来一些这样的疑问：别人这样说有没有原因呢？说他的同学究竟是出于什么心理呢？于是我采访了我的几位心理小助手，他们的回答给了我很大的启发。所以，在今天的心灵之旅中，我要和大家一起分享我的看法。

首先，不管其中有着一些怎样的故事背景，我觉得，这位同学在给陶老师写信的时候，他的内心一定很难过。因为，在我们每个人的心里，都非常渴望别人看到我们的能力，得到他人的肯定和赞扬！也许我们平时也有这种感受，但并不强烈，或者根本没有感受到。但是，如果我们为自己取得的成绩而满心欢喜，却遭到别人的质疑和讥讽时，这种内心的反差所导致的沮丧让我们体会得更深刻，原来我们是如此渴望得到别人的肯定。我相信，这种内心体验不仅仅是来信的这位同学才有，许多同学也体验过。

如果说，这是一个比较普遍的现象的话，那么，就有一个很值得分析和探究的问题了，也就是给我们来信的这位同学所提到的：他们为什么要这样说我呢？是因为别人嫉妒我呢？还是这种质疑本身背后也有它存在的理由呢？

我觉得，出现这样的情况，有以下几种原因：

第一种原因，由于其他同学的嫉妒。

第二种原因，他确实有作弊行为。但是，我觉得这种可能性比较小，因为如果是这样，这位同学就不会写这封信了。所以，在关于是否作弊的问题上，我觉得更有可能的是，这个同学在考试过程中有一些让人产生误解的行为。他可能东张西望，也可能问别人借了什么东西，这些行为被其他同学看到了，以为是在作弊。

第三种原因，他给周围同学带来了压力。在同学们当中，会有这

样一些现象，一些同学得了高分以后，就得意洋洋地拿着成绩到处炫耀，给其他同学一种不谦虚甚至是自夸自大的感觉。这让周围的人非常不舒服，尤其是那些考得不太理想的同学，就会故意说一些质疑或者反话，以打击他的气势。你们还记得这位同学在来信中说，"上次数学我考了高分，我高兴极了，因为我的分数比同桌的还要高"。一个极度高兴之下的人会产生什么行为呢？兴奋，话多。所以，这位同学就很可能在拿了高分后，迫不及待地向周围的同学宣布这一喜讯，还可能会到处打听其他人的成绩，看看自己还比哪些人考得好，或者面对一些考得不如意的同学，说了一些不好听甚至打击别人的话，等等。同学们，对照一下你们自身的经历，你们觉得这种可能性是不是很大呢？

第四种原因，我们可以把它归结为一种普遍的心理过程或现象。这种心理现象就是，人们对于一些出人意料的事情，多多少少都会持有一种怀疑的态度，内心会产生"真的是这样的吗？可能吗？"等类似的疑问。这是一种大多数人都有的心理现象。大家可以设想一下：一个人，他以前考试从来都不及格，突然之间却考了80分，你是不是会觉得很奇怪呢？一个人，平时只考80分，突然考了100分，你是不是又会怀疑呢？不过，一般来说，这种正常的怀疑心理会随着时间的推移和更多地了解对方而消失。有个词叫作"清者自清"，说的就是这个意思。所以，不用担心，同学对你的质疑只是暂时的。

而且，我能告诉同学们的是，其实这种现象不仅仅发生在我们未成年的同学身上，它也普遍地发生在成年人身上。对于这样的情况，破除怀疑的最好办法就是用实力去证明自己。

说到这里，聪明的同学可能已经想到解决问题的办法了。在这里，陶老师也给大家提几点建议。

第一，自己鼓励自己、肯定自己。既然这次"我"可以凭自己的水平考出好成绩来，那就证明"我"在这方面是有能力的，这是不容否定的。在这里，我有一个建议，就是同学们可以自己制作一个个人的"成长记录"本，把你们生活或学习中取得的重大突破写在上面。这样，你们的信心就会一点一点增加。要知道，不管别人看没看到我们的能力，也不管别人会不会给我们鼓励，我们都能够自我鼓励，为自己取得的成绩和进步而自豪。随着我们不断进步，最终会获得别人的肯定。

第二，再接再厉，用实际行动来证明这个分数的真实性。有时候辩解只会让人更加怀疑，最好的方法就是用行动来证明自己。大家不相信你，你就偏要证明给大家看，这是一种争气的表现。你可以总结这次成功的经验，用更多的时间来练习，你还可以在平时的课堂上表现自己，这是说服大家的最好方式。当然，对此也要有一个心理准备，因为它是一个循序渐进的过程，不能期望大家一下子就能对你刮目相看。但只要你有这个决心，你就一定能够做到。

第三，注意自己平时的一些言行。例如，当自己取得好成绩时，你可以和好朋友一起分享喜悦，但一定不要到处宣扬，更不要打击那些考得不好的同学。给别人一个宽松的环境，其实也是给自己一个宽松的空间。

第四，适当地给别人解释。别人误解自己，如果对方不是出于恶意，那么误解的背后必定是有原因的。这时不妨听听别人的意见，能解释的就作一些解释。你可以把解题过程告诉那些怀疑你作弊的人，或者让同学帮你证明，你在考试中并没有作弊，等等。

　　同学们，我相信，除了以上这些办法，你们可能还有一些更好的办法。如果有，你们一定要到心语聊天室来和陶老师分享哦。说不定你的好点子能开启我们下一次的心灵之旅哦。

第四章

亲子心理

只有在当今社会，人们才如此真切地感受到，传统家庭中的亲子关系遭遇了巨大冲击，父母的角色和作用开始变得模糊与不确定。帮助孩子看待父母、看待父母的婚姻，是他们最终能够定位并发展自己的不可缺少的条件。

第一讲 父母逼我练长笛，我该怎么办

大家好，很高兴又到了我们心理午会的时间，我是陶老师。

在这次的心理午会上，我们将要探讨的问题是：父母逼我练长笛，我该怎么办？上个星期，陶老师收到了这样一封来信：

最近，父母动不动就批评我，每次批评我都是因为我学长笛的事儿。学习长笛并不是我自愿的，而是父母逼迫的。我认为，我每次练习都是很认真的，可父母却再三要求，多练，多练，再多练。我是一个爱听流行音乐的孩子，就因为长笛，我无法再去听我喜爱的音乐了，整个晚上都被其他事情占去了我的时间，无法做自己想做的事情。出去玩也不能完全放开了玩，心里总是放不下学长笛这件事……因为练长笛，我的性格变得更加暴躁。

同学们，当你们听到这里的时候，你们的心情是怎样的呢？你们是否也和这位同学一样，被长辈们要求做自己不感兴趣、不喜欢的事情呢？

对于陶老师来说，首先觉得这是一件很可惜的事情，因为，音乐通常能让人心灵安静下来，而这位女同学却因为学习长笛，性格更加暴躁，完全违背了家长以及这位同学的初衷。这难道不是一件很可惜的事情吗？有些同学甚至私下悄悄地对陶老师说："当我去上钢琴课

的时候，我觉得自己好像要去上刑场一样，太可怕了。"那么，为什么会出现这种情况呢?

我们回过头来分析一下写信的这位同学的情况。

在信的开始，这位同学就强调说："学习长笛并不是我自愿的，而是父母逼迫的。"这确实是一个很普遍的问题，也是一个事实。也就是说，这位同学当初之所以去学长笛，是为了满足爸爸妈妈的要求，实现爸爸妈妈的心愿，让爸爸妈妈高兴。从这一点我们可以看出，他们的家庭关系本来是很好的。同时，这位同学说："我每次练习都是很认真的。"所以，我们可以看得出来，这位女同学在最开始的时候，对长笛似乎还是有一点兴趣的。

到了后来，慢慢地，她不能像以前那样完成练习任务，她的父母也逼得越来越紧，对她的要求也越来越严格，她也因为练长笛的事常常挨批评。你们看，原来多么好的家庭关系，现在却因为长笛的事情，反而闹矛盾了，变得不快乐了。同学们，你们在遇到这种情况的时候有没有想过，这究竟是为什么呢? 我觉得事情的原因有几个:

首先，可能是她的爸爸妈妈和她在对学长笛这件事情上有不同的期望，导致她内心有些混乱。这位同学在信中提到，由于现在是高年级，作业也比以前多了，根本没时间像以前那样练习长笛，这使得她没有办法按原来的频率来练习长笛。但是她的父母却很着急，不断地催促她，让她多练，大概是这位同学的爸爸妈妈，看见她吹长笛吹得还不错，所以希望她能取得更好的成绩吧，而她自己根本没想过要往这方面发展。这个时候，她原来的节奏就被打乱了。这就好比你要睡觉，但别人偏让你做作业，当你想学习的时候，别人偏喊你去吃饭一样。在这种情况下，我们肯定都很生气，不发脾气才怪呢。这位女同学可能更需要的是慢慢地练习，然后一点一点地提高自己的水平。如果她的父母能够体谅这一点，那问题就容易解决多了。面对这种情况，她可以与父母一起，重新制订一个计划。

也可能是，这位女同学处在一个学习长笛的"瓶颈"阶段，她需要一些时间和鼓励。一般来说，每个孩子在最初接触音乐的时候，都是很有兴趣的，都会高高兴兴地去学习。可是一段时间过后，很多孩子就想放弃了，因为到了一定的阶段，学音乐就变成了一件很艰难、也很枯燥的事情，这个时候不再像以前那样容易取得进步，所以他们不想继续学习了。这种现象在心理学上被称为学习的"高原期"。这位女同学可能也正处在这样的时期。她碰到了难题，自己觉得苦闷，爸爸妈妈不仅不鼓励自己，还在旁边唠唠叨叨的，所以她对长笛就完全没有兴趣了，长笛也就变成了她的负担。如果是这样，对这位同学来说，一方面要忍受这一段艰苦的练习期，因为这是必需的，毕竟没有任何一件事情是轻轻松松就能取得成功的；另一方面，还要和爸爸妈妈谈谈自己练习中的难处。如果不方便当面讲，可以给妈妈写信，这也是一个好办法。另外，我不知道这位同学有没有一个长笛老师，也有可能是老师教得不太好，或者老师对她的态度不太好。如果是这样，那么，她应该早一点向父母反映。

总的来说，我觉得这位同学还是喜欢长笛的，只是她可能更喜欢当一个欣赏者，而不是自己亲自演奏长笛。因为这位同学在信中说，"我是一个爱听流行音乐的孩子"。你看，她其实是喜欢"听"的，就像她的爸爸妈妈喜欢听她演奏长笛一样。我觉得这位同学在不想吹长笛的时候，可以和父母商量一下，是否能暂时停下练习吹长笛，而去听一些长笛的演奏曲，如果有机会的话，还可以让父母带自己去听

听长笛演奏会等。总之，对于音乐，不仅仅需要我们多多练习，还需要我们多去听，多去体会。

衷心祝愿遇到类似烦恼的同学，能早日摆脱烦恼，天天快乐！

第二讲　当父母生气的时候

同学们，下午好！

前段时间陶老师收到了一封这样的来信：

我的妈妈太残忍了，只要一生气，不管是谁惹了她，总是要把我当作出气筒。现在，我宁愿离开家，也不愿意被打骂。

在这封信的最后，这位同学还画了一幅画，画的是一个在哭泣的孩子。当我看到这封信的时候，我万分难过。本应该是互相关心、互相爱护的家人，现在却如此疏远。我想，如果这位同学的妈妈知道了这位同学的想法，她一定会大吃一惊，她肯定没想到自己的行为，会给女儿带来这么大的伤害。

曾经也有家长问过陶老师，发脾气是否会对孩子造成伤害？有一位家长说："我认为，我们应该倾听孩子、理解孩子，和孩子对话。但是，生活中常常有各种事情，让我神经紧张，这时，如果孩子稍微做了什么使我不顺心的事，我就会控制不了情绪，要发脾气。"

同学们，你们看，父母有时候也对他们的行为感到困惑，不清楚他们的行为是否会让自己的孩子受到伤害。不知道大家听了陶老师这样讲，是否会感到惊讶呢？因为在我们孩子的心中，父母的形象是非常高大的，是可亲可敬的，又是全知全能的。其实，即使我们的父母在事业上非常成功，他们在当父母方面，也并不一定是成功的。为什么这么说呢？因为没有谁一生下来就懂得怎么当父母。我们自己的父母也是由小孩长大的，当他们长大以后就去工作，工作以后会结婚生小孩。这个时候，他们才开始学习当父母。在之前，他们肯定当过很多角色，但是当父母对他们来讲还是第一次。因此，他们也需要学习。

大家现在知道了，原来，我们和父母都在学习，父母在学习着怎样与日益长大的我们相处，我们也在学习着怎样理解父母的世界，怎样和父母相处。正如前面的那位家长提到的，她觉得自己应该倾听孩子、理解孩子，与孩子对话。那么，我们是不是也可以倾听父母、理解父母，学会与父母对话呢？陶老师知道，我们同学当中，有一部分同学已经这么做了。陶老师在这些同学那里，学到了一些好办法，在这里和大家一起分享。这个办法我称为三部曲：

第一，先冷静下来。与父母发生争执，关系弄得很僵时，我们一定是火冒三丈，情绪非常激动，如果这个时候再继续争论，那多数是一些气话，是一种责备，是一种发泄，既不能让父母接受、采纳自己的意见，还会导致父母因为伤心而发更大的火，把关系搞得更僵。因此，我们在与父母发生冲突时，应该努力克制自己的情绪，不说气话。

第二，想好才说。忍并不是最终的办法，它只是一种暂时的办法。我们和父母之间的误会还是要化解的。要冷静地想一想该怎么说，不能想怎么说就怎么说，而是应该想好了才说。

第三，好话好说。同样一句话，用轻松、商量的语气说，别人就能听得进去；用一种责备、批评的语气说，别人可能就听不进去。我们都希望父母平心静气地教导我们，与我们交流，那么，我们的父母，也同样希望我们平心静气地与他们交流。

有一位同学对陶老师讲了她化解与母亲之间的矛盾的心得。她说："一般来说，我和妈妈吵架的当天我们就和好了，因为我冷静下来后，就会思考自己是否做错了。通常我会发现，我自己也有做得不对的地方，我就向妈妈道歉。这个时候，妈妈也会跟我说，她打我的时候也很心疼。这样我和妈妈又和好如初了。"你们看，这位同学在不知不觉中，运用了陶老师刚才说的"三部曲"：第一，先冷静下来；第二，她主动地思考了自己做得不对的地方；第三，当她找到自己做错了的地方时，主动向妈妈道歉，说自己哪里没做好。她妈妈因为女儿的冷静而变得冷静，也开始反思自己的过错。这样，她们就和好如初了。在这个意义上，我们可以毫不夸张地说，是这位同学帮助了她的母亲，也改变了她的母亲。

当然，有些时候，父母很难意识到自己的错误，而我们的力量也是非常薄弱的，仅仅想通过自己来改变父母是非常困难的。这个时候，我们可以借助其他的力量。例如，通过下面的一些方式来帮助我们的父母，让他们了解我们的内心世界，学会与我们相处，做我们所喜欢和崇拜的好父母。

第一，鼓励我们的父母常到学校来，与老师交流，而不仅仅是在我们犯错误的时候，才与老师交流。学校也是我们的家，在日常生活中，这里面的所有成员都应该经常沟通，彼此了解。比如，在学校举行"家长开放日"或"亲子运动会"的时候，我们可以鼓励父母来学校，因为通过这些活动，学生、家长和老师的心贴得更近，关系更加和谐；通过与老师的沟通，我们的父母可以更加理解我们，学习做好父母。

第二，鼓励父母多参加一些专业培训，让这些专业机构来帮助我们的父母成长。例如关于儿童心理的讲座和一些家庭教育方面的讲座等。在这里，陶老师要向五年级的同学们表示祝贺，你们很幸运，因为在本周星期六，你们年级组的老师邀请到了"知心姐姐"家教宣讲团的教育专家刘秀华老师到我校开"家庭教育新观念"的讲座。你们的父母可以通过这样的讲座，学习到一些有用的家庭教育方法。其他年纪的同学也不要沮丧，因为今后，我们学校会不断地开展这类的讲座，来帮助我们的父母；同时，学校会把相关资料发到网站上，我们的父母可以从中学习、成长。

第三，鼓励我们的父母订阅一些与家庭教育、儿童心理有关的杂志。例如《少年儿童研究》《知心姐姐》等。如果父母说没有时间看，那么我们可以说是自己想看，希望父母去订阅。然后，当我们看完了，我们可以拿其中的一些问题与父母一起探讨。这样，他们就会慢慢关注自己在这方面的成长。通过书本，父母们可以学习到做父母的一些知识和技能，了解我们孩子的内心世界。

最后，这个学期，我们将在学校门口开辟一个"家庭心理教育专栏"，在我们学校网站上，也开设"心理健康教育专栏"，同学们可以鼓励自己的父母多去看看，也可与老师交谈。

同学们，让我们共同努力，一起帮助我们的父母理解我们，从而让我们都能够快乐、健康、活泼地成长。

第三讲　在妈妈离家的日子里

很高兴又来到了广播室与大家见面。今天我们午会的主题是：在妈妈离家的日子里。

有个高年级的同学给我写了一封很长的信，陶老师对着这封信犹豫了很久。在念这封信之前，陶老师要请求这位同学的原谅，原谅我把这封信在这里公开。陶老师公开这封信是有理由的。

首先，这位同学在信中谈到自己的艰难处境让陶老师非常担忧，而这位同学并没有在信的最后留下自己的名字。因此，陶老师考虑再三，决定在广播里跟这位非常信任陶老师的同学做一个初步的交流。

其次，这封信不仅仅反映了这位同学的处境，同时也代表了许多处于同样环境中的同学的心声。因此，陶老师在念这封信之前，已经做了一些修改。与其说这是一封个别同学的来信，还不如说是有着同样处境的同学写给陶老师的集体来信。陶老师试图借助这样一封改动了的信，来回答同学所提出的这类问题，给大家带去一些帮助。

这位同学在信中写道：

老师，给您写信我十分向往，但又十分害怕，写信的勇气我已经积攒了三年，现在希望您能够敞开心扉，跟我说话。

我是个转学生，我转学后成绩便下降了，怎么也赶不上其他同学，为此我挨了不少批评。同时，爸爸妈妈的工资不高，而且妈妈这几年在国外攻读博士，要花很多钱，因此家里更是小心翼翼地花钱，我便不能够像其他同学那样，能买到自己想买的东西。后来，我逐渐地适应了这里的生活环境，可是爸爸却一天比一天懒，一天比一天不讲理，一天比一天爱怒吼，我真是受不了他了。于是，我越来越想妈妈了，写信、发邮件、打电话。开始还算不错，可是后来就不行了。打电话太花钱，发邮件太费时间，写信太分心。总之，种种方式都被爸爸否定了。最后，我没有办法，只能两个星期和妈妈通一次电话，同时心里更盼望着寒假、暑假的到来，好和妈妈团聚。

现在，我很头疼。让我头疼的问题是，我的爸爸什么时候才能够心平气和地听我把话说完，对我好一点，让我不要老是那么思念妈妈，让我安心学习。他总是在我一句话都没说完的时候就要插嘴，一个故事或者一件事情没有讲完就没有耐心听了，想和他玩一会儿，他总说忙忙忙，还说我老是给妈妈告他的状。我还头疼我心中的怨气无处发泄。最后我头疼我的学习，我怕上学，可不上不行，我真不知道该怎么办了。

……

这封信捧在陶老师的手里是如此的沉重，因为，它装载着一位同学内心所有的焦虑和不安。陶老师反反复复地看，一遍又一遍地想。同学们，你们想想，这是怎样的一种处境啊。他的学习成绩在下降，他与父亲的关系越来越紧张，他竭尽全力也无法让父亲有丝毫的改变，而唯一的安慰——妈妈，也在他乡求学。他已经不能够像我们其他同学那样快快乐乐地学习、玩耍了。难道这不是一件要紧的事情吗？难道不值得我们思考，不让我们感到沉重吗？

是啊，在我们成长的道路上，我们总要遇到许许多多的困难，要经历各种突如其来的变化与离别。那是因为我们每个人、每个家庭，为了将来生活得更舒适、更幸福。我们这位同学的家庭也不例外。你

们看，他们离开原来生活安稳的城市，到新的城市来发展；同时，他的妈妈在工作之后，在家庭经济条件并不十分宽裕的情况下，坚持继续读博士。能够看得出来，这是一个非常上进、充满着理想、不断进取的家庭。而我们的这位同学，从另一个城市转到成都来，并且能够较快地适应这里的环境，已经表明，他是一个适应能力非常强的孩子。从这里可以看得出来，他已经在逐渐变得独立、坚强了，开始能够照顾别人了。

有些时候，在我们经历各种离别和变化的时候，能够很快地适应，而我们的父母却比我们适应得更慢，这给我们孩子带来很大的困惑和烦恼。对我们的这位同学来说，也是这样的。

这位同学的一家人到成都以后，整个家庭的情况发生了改变。这位同学逐渐适应了新环境，可是，他的爸爸似乎还没有适应过来。很有可能是，他在新的工作岗位上没有适应过来，而且因为妈妈常年在外读书，爸爸也没有找到一个可以倾诉、可以分忧解难的人。不仅如此，这位爸爸可能还要承担起家庭的生活重任，诸多的事情加在一起，时间长了，便让这位爸爸感到难以支撑，于是他就有了一些变化，就如这位同学在信中讲的，"一天比一天懒，一天比一天不讲理，一天比一天爱怒吼"。因为心情烦躁，便不愿耐心地与孩子交谈；因为忙碌，所以不再和孩子一起玩耍。这样，这个没有适应新环境的爸爸，让我们这位同学也变得无所适从，也变得烦躁了。尽管他做了许多努力，但是似乎并没有什么效果。

在这种情况下该怎么办呢？为什么我们对父母的帮助并没有取得效果呢？一方面，那是因为我们的力量比较弱；另一方面，可能也是因为我们努力的方向不是那么准确。我们试图通过自己的努力，让父亲变得温柔，变得通情达理。但是，有时候，能帮助父亲的是我们的母亲。因此，为什么不把自己的努力定位在作爸爸妈妈之间情感沟通的纽带、桥梁上来呢？给我们来信的这位同学，可以给妈妈提供爸爸的信息，让妈妈来帮助爸爸，同时与爸爸一起分享妈妈在远方学习的故事。下面，陶老师给来信的这位同学，以及碰到类似问题的同学提几个建议，希望对大家有帮助。

第一，让自己成为父母双方的情感联络员。比如我们的这位同学，他在信中说，爸爸抱怨自己老是向妈妈告状，那么，我们是不是能够把告爸爸的状，转化成向妈妈提供父亲情绪变化情况的一种方式呢？例如对妈妈说："爸爸这两天看起来很烦躁，不知道是什么事情让爸爸这么烦恼，妈妈你能不能问一下爸爸呢？"通过类似的方式，让妈妈来关注爸爸的情绪，让妈妈来化解爸爸的情绪。

第二，让思念、沟通成为家庭每个成员的事情，而不仅仅是其中两个人的事情。我们的这位同学在信中提到，自己与妈妈交流的种种方式都被爸爸否定，打电话花钱，发邮件费时间，写信太分心。这种情况下，我们是否能够考虑邀请爸爸一起来打电话、发邮件，以及写信呢？这样，在花同样多的钱的前提下，既能够增加打电话的次数，也能够让爸爸、妈妈和自己有共同交流的机会，就好像一家人坐在饭桌前，一起吃饭、聊天那样。而一个人给妈妈打电话、发邮件，或者写信，这只会让自己更加想念妈妈，更加生爸爸的气。大家说是吗？

第三，努力做好自己应该做的事情，让父母为自己感到骄傲。对我们这位同学来说，除了让自己成为父母情感沟通的桥梁以外，他的学习成绩的好坏也是家人幸福的一个重要因素。既然这位同学以前的学习成绩是非常棒的，那么他也肯定可以通过努力，让自己再度成为

佼佼者。暂时的成绩下降，只是因为家里的变化，而没有办法集中精力学习而已。这个时候，我们可以对自己说："我希望努力学习，像妈妈一样，当我取得好成绩的时候，也就是妈妈学成归来的时候。"

我们这位同学在感到非常无助的时候能够写信给陶老师，让陶老师感到非常欣慰，但他并没有透露自己的姓名，这让我觉得是一种遗憾。我们设立心语信箱，建立心语聊天室，就是为了帮助同学们分忧解难。对于那些确实遇到了很大困难的同学，包括我们这位来信的同学，陶老师希望你们能够鼓起勇气，来到我们的心语聊天室，让我们面对面地交流，更好地解决问题。

第四讲　被隐藏起来的爱

陶老师很高兴又在这里和大家见面了。今天，陶老师给大家带来了一个谜语，大家想不想猜一猜呢？好，那大家可要听好了：世界上有一件非常宝贵的东西，有时候我们可以清清楚楚地看到它，有时候我们费尽全力也看不到它；有时候它让我们感到温暖，有时候却让我们感到难过。孩子们，你们知道那是什么吗？

带着这个谜语，陶老师先带大家一起来看一封来信：

陶老师，您好，我是一个高年级的学生。我的妈妈从小就要我保护好眼睛，以前我的视力都比较好，但自从我家电脑上网后，我便疯狂地玩电脑。在大约一个月以前，我连续玩了一天的电脑，第二天早上起床时，发现有一只眼睛近视了，我不敢跟妈妈爸爸说，一直瞒到了现在。在大约一个星期前，我打听到了两种治疗方法，一种是花钱买一种机器，另一种是免费治疗早期近视。现在我的视力越来越差了，并成了我唯一的心灵创伤。我很后悔，难过，想对父母说，但又不敢。陶老师，我想向妈妈表达这件事儿，你能帮帮我吗？我怕妈妈生气，但又想快点治好近视，我该怎么办呢？

同学们，你们看，我们这位同学的心情真是矛盾极了。他眼睛近视了，但是又怕说出来以后妈妈会生气。这可怎么办呀？同学们，在我们的生活中，还有没有类似的事情呢？有。有些同学在外面闯了祸，怕回去挨打，就在外面瞎逛而迟迟不敢回家；有些同学不小心把父母给自己买书的钱丢了，怕受到责骂而不敢对父母说。人们常常说，家是充满温情的地方，父母是我们生命和心灵的守护人。那么，为什么我们有时不愿意回家，而父母有时会对我们那么严厉，甚至还会打我们呢？他们真的爱我们吗？爱，它的真正面目该是怎样的呢？

这真是一个难题。同学们，让我们现在一起来思考，一起来找答案，好吗？你们知道一株幼苗要长成一棵参天大树，它需要什么吗？对，需要阳光和雨露。但是，当这棵树长了虫子的时候，它需要的又是什么呢？对，需要灭虫剂和啄木鸟。如果这棵树有感觉，那么，当啄木鸟从他身上啄虫子的时候，你们觉得这棵树会不会痛呢？是的，如果树也有感觉，那么它也一定会感到疼痛。

我们的成长过程和小树的成长是相似的，需要充足的营养、温暖和爱才能成长。当我们生病了，或者当我们的成长偏离了正常的轨道时，我们需要的是什么呢？同学们，当你们生病的时候，身体难不难受呀？难受。这个时候，医生再在你们难受的身体上扎上一针，疼

不疼呀？疼。你们会因此责备医生吗？会因此责备带你们去看病的父母吗？会因此觉得医生和父母不爱你们吗？不会。因为你们知道，只有这样，身体才会渐渐好起来。其实，这种让我们疼痛的方式也是一种爱的表达，而这种疼痛是我们成长过程中所必须经历的。同样，当我们的成长偏离了正常轨道时，会受到批评和提醒，它们就像打针一样让我们疼痛。正是这样的批评和提醒确保了我们走向正确的人生轨迹，不会让它偏向一个错误的方向。这也是爱的表达，是一种隐藏在严厉背后的爱。

从父母的微笑和鼓励中读懂了温暖的爱，这是我们每个人都能做到的，因为我们可以看到父母春风般的微笑，听到父母充满深情的鼓励；但是，要从父母的生气和严厉中读出背后的爱，这就不是每个人都能做到的了，因为我们的眼里只有父母严肃的面孔，耳朵里只有刺耳的批评。既然这种爱用眼睛和耳朵都无法读出，那我们该怎样才能接收到呢？是的，我们得用心去体会，去读懂。它是一个成熟的人的真正体现。同学们，你们想不想成为一个这样的人呢？我们有些同学就用心读懂了那些藏起来的爱，你们想不想知道他们是怎么读懂的？那么，让我们一起来听听其中的一个故事吧：

记得四年级的时候我的体质很差，这不，病菌又把我的身体当成了家——住下了。这病菌还是个"大官"——扁桃体炎和风热感冒。特别是我感冒得还不是时候，正好赶上期末复习，要是回家的话损失可就大了。还有，因为我吃多了抗生素，一些西药对我根本没用，必须得自己熬中药喝。可是不能回家，怎么办呢？

当时爷爷是第一个发话的，他对我的父母说："你们工作都很忙，不如我去给孩子送药吧！"一开始大家都反对，可是没有比这更好的办法了，只好同意。

爷爷给我送药时不多说什么，只是看我喝完了拔腿就走，一句问候的话也不讲。我有些不满，向同学倾诉，同学笑着说："不可能，你得相信我。你爷爷一定十分关心你，只是他不善于用语言表达罢了。不信，你明天假装摔一跤，他就是背对着你，他也会知道。"

第二天，我按同学的话试了一回，真的，爷爷马上赶了过来，问我摔着了没有。在那一刻，我的心灵深处被一种不易察觉但是细腻的爱所震撼，平时看似冷冰冰的爷爷却有着一种令人感动的、伟大的爱。

从那以后，我明白了：有一种爱是藏在心里的。

是的，爱，它会藏在父母的一声叹息声中，会藏在父母严肃的脸孔背后；它会藏在父母那双布满老茧的手心里，会藏在父母那皱起的眉头上！原来爸爸妈妈把爱藏在他们的心中！

因此，让我们学着用心去理解父母的爱吧，不要因为他们藏起来的那份爱而阻碍了我们和父母之间的情感交流。因为这会给我们和家人带来灾难性的后果。来信的这位同学已经悄悄地在打听治疗近视的办法了，这是非常危险的。我们年龄尚小，还没有足够的分辨能力，很可能会轻信他人，误用一些药，这将给我们的病情带来更严重的后果。因此，一定要知道，当我们遇到自己不能解决的问题时，最好的应对方式就是把问题告诉父母，以他们丰富的生活经验，肯定会帮助我们找到解决问题的办法。

聪明的孩子们，现在你们知道刚才陶老师让大家猜的谜语的答案

了吧。对，那就是爱。爱是世界上最宝贵的东西，有时候我们可以清清楚楚地看到它，但有时候我们费尽全力也看不到它；有时候它让我们感到温暖，但有时候却让我们感到难过。只要我们用心去读懂它，读懂那份隐藏起来的爱，那么，它就会变成我们成长的另一种动力。同学们，你们有信心吗？陶老师相信，只要用心，只要努力，我们就一定能做到！

第五讲　当父母吵架的时候

　　同学们。大家好！非常高兴又能在这里和大家见面。在心灵的成长中，你可能要经历许许多多难以想象的事情：你和朋友发生冲突了，你在学习面前感到是如此的无力、疲惫、厌倦，甚至你还可能会面对着一个让你感到非常沮丧的家庭。在那里，父母那尖厉的吵闹声打破了你内心的宁静，你完全没有心思去学习。这时你该如何面对？这就是我们今天午会要共同探讨的主题：当父母吵架的时候。

　　有这样一封来信，信是这样写的：

　　陶老师您好。在经过内心挣扎以后，我提起笔写下了这封信。我是一个男孩子，一向成绩优秀，但这几次考试我老得89分或者90分，总之，我的学习退步了。其实并不是我不会，而是我的心总是在想着我的家庭。我从一年级起就一直住在外婆家。外婆脾气很急，老是为了一点小事儿就喋喋不休，所以她和我外公的吵架声越来越多。再说我的爸爸妈妈，他们常常不在家，偶尔我会去他们那边，可是他们也会吵架。有时我听见有同学说自己家长多么爱他，自己的家多么美好时，我都会有些自卑感。可以说，我是在吵架与害怕中长大的小男孩，所以我的性格比较内向。虽然我的外表好像很快乐，可是我心灵的伤口越来越深。陶老师，我希望您能帮助我找到一些温暖，好吗？

孩子们，我们总是期待着内心深处有一种温暖，并期待它也能温暖我们的父母。可是，有时候我们却得不到它。我们实在不能理解，为什么父母会为了一些小事而争吵不休，甚至不顾孩子的感受要闹离婚。他们之间的关系为什么会如此紧张，要如此大声地吵架？究竟是为什么？这些问题让陶老师想起了一篇心灵短文，或者它能帮助我们理解其中的一些原因：

一位教授问他的学生："为什么人生气时说话要喊呢？"所有的学生都想了很久，其中有一个学生说："因为我们丧失了冷静，所以我们会喊。"教授又问："但是为什么别人就在你身边时，你还是要喊，难道就不能小声地说吗？"几乎所有的学生都七嘴八舌地说了一通，但没有一个答案是让教授满意的。最后教授解释说："当两个人在生气的时候，心的距离是很远的，而为了掩盖当中的距离，使对方能够听见，于是必须要喊出来。但是在喊的同时，人会更生气，更生气距离就更远，距离更远喊声就更大。"教授接着说："当两个人的心很近的时候，他们说话都是轻声细语的。当心与心之间几乎没有距离的时候，人们甚至根本不需要言语，只用眼神就可以传达了。"是的，人们大声地说话、吵架，是因为他们的心有了距离，而且距离很远。之所以有距离，是因为人们的位置不同，是因为人们并没有找到

他们的位置。

　　生活中，每个成人都至少拥有四个位置。首先，他们是自己父母的孩子，也就是你们的爷爷奶奶，或者外公外婆的孩子；其次，是作为下一代人的父母；再次，是社会中某个人的上级（下属）或者同事；最后，是他们彼此的丈夫或者妻子。在当代的社会中，各种关系和位置都经历着深刻的变革。这样的四个位置对成人来说，常常是矛盾的、冲突的，它给成人带来非常大的压力，使人感到困惑和焦虑。

　　在这四种关系中，最不稳定的就是父母之间的夫妻关系。为什么？首先，父母和孩子之间的血缘关系是无法改变的事实，因此是固定的；其次，为了生活，他们在事业上的关系和社会关系也有一定的强制性，是必需的。因此，比较不稳定的、更容易爆发出矛盾的就是父母之间的关系，也就是他们的婚姻关系。事实上，这样的矛盾是每一个现代家庭都会发生的，只是有的人解决得好，有的人却会给别人带来伤痛。作为孩子的我们，年龄还小，不能理解父母吵架的真正原因，但是，孩子们，要记住，一定要记住，这是你们的父母在调整他们彼此关系的方式。他们不是故意在伤害你，割不断的血缘亲情关系，始终存在于他们的内心深处。只是，他们之间的婚姻矛盾让他们暂时分心乏术，无法分出更多的心思来照顾你，也就看不到你眼中的忧郁和内心的伤痛。而你，则会因为过早接触到成人之间的冲突而倍感伤害。但是，你也可能为此而变得比别人更坚强，更睿智。

　　试问，哪个孩子不喜欢有个温馨和睦的家庭呢？哪个孩子不希望父母之间能相敬如宾呢？如果他们做不到，你至少希望自己的学习和生活能够少受一些影响。你不妨试试下面的这些办法：

第一，用恰当或艺术的方式，把自己的希望和苦恼讲给父母听。你可以写信告诉他们，你一定懂得怎样讲话最能打动父母的心；你也一定知道，这样的话要分别和他们讲。你还可以通过班主任或者陶老师，来向父母传达你的心愿。孩子是父母感情的纽带之一，当父母的都不希望自己的孩子受到影响和伤害。

第二，留意父母经常吵架的原因，不妨做个中间人。假如，妈妈常埋怨爸爸不讲卫生，或许嫌他多少有点儿懒，你能不能提醒爸爸呢？假如，爸爸责怪妈妈为一点点小事就唠叨个没完，遇到妈妈开始唠叨时，你能不能悄悄制止妈妈呢？但要注意，不能感情用事而偏袒其中的一方，而要学会辨明谁是有道理的一方。有时，作为中间人的你，可能还需要付出一些小小的劳动。比如，家里没盐了，不等妈妈说话，你快跑几步买回来；屋里又乱了，爸爸偏偏不想动，你就勤快点整理好。假如是这样，你父母的争吵次数可能就会少得多了。知道吗？懂事、聪明的孩子知道，融洽的亲子关系，有时候能对父母的婚姻起到"润滑油"的作用。因为有了你，家庭这部"机器"可能会再度运转起来。

第三，也许，你真的做到了上面提到的这些，父母的"征战"依然不休。我想，如果是这样，他们之间的矛盾就不可能因你而化解了。再遇他们争吵，你不如立即回避。因为，他们有自己的感情世界，他们的是是非非，你还不能明白，最好的办法是"三十六计，走为上策"。出去散散心，透透气，或者找个对心思的同学聊聊。跳跳跑跑，说说笑笑，尽可能忘却心中的烦恼。说不定，当你犹犹豫豫回到家的时候，家里已经变得安安静静的，就像什么事都没有发生过一样。当然，这是最好的结果了。

第四，万一你父母的争吵不断"升级"，发生了你不愿接受的事情，要记住：他们并不是不爱你，只是需要换一种相处方式。这时你要做个坚强的孩子，要学会正视现实，接受现实，并且要安排好自己的学习和生活。正如父母会有他们自己的生活一样，你也要有自己的生活和天地。千变万变，你们之间的亲情不会变。

亲爱的孩子，你一定知道该怎么做了。可能的话，请你的父母也读读这封信，或许他们能从中悟出点儿什么！陶老师也会把午会内容发到网站上，你们可以邀请父母一同来阅读。最后，在这里，陶老师衷心祝愿我们的同学，能早日摆脱这样的烦恼，祝愿你们的父母能够永远相亲相爱，你们的家庭幸福美满！

第六讲　我为什么总是被妈妈冤枉呢

同学们，我们又见面了。每次接到你们的来信，陶老师总是不由自主地感叹，你们提出的问题可真不简单。对于你们提出的这些问题，陶老师都会认真地思考。因为，说句老实话，陶老师只是你们天真队伍里的一个落伍者。不过，我能在这里和大家交流，不仅仅因为我也曾是一个小孩子，还因为现在心中还保留着一分天真。所以，每一次，我都会努力地去触摸、感受和接近你们的思想，这让我感到欢喜。有时，我能感到我和你们的心是很近的；如果没有，我在这里便会感到坐立不安。所以，希望你们能继续从心底冒出更多的、真正的问题来询问我，而我也要从这样的探讨中不断提升自己的水平。我相信，我们每周四的心灵之旅都是非常愉快的。让我们共同带着这样的期盼，进入今天的旅行吧。我们今天午会的主题是：我为什么总是被妈妈冤枉呢？

这是一封要求必须公开的来信，信是这样写的：

陶老师您好。我怎么总是被冤枉呢？例如上次，我写毛笔字时，我的背一直是直的，妈妈又没有看到我，就说我的背是弯的，没有调查就没有发言权呀。又如，上次我写了5篇毛笔字（妈妈要求我写5篇），只是写得快了一点，妈妈就说，我没写够时间，我只好继续写……陶老师，你能不能告诉我，我为什么总是被冤枉呢？

同学们，听了这封信，你心里是怎么想的呢？这仅仅是因为写毛笔字而引发的小小的不愉快吗？事实上，陶老师对此有着更多的忧虑。因为今天可能是关于毛笔字，明天可能是关于学钢琴，而后天呢？后天是否会变成"只要是妈妈说的，我都不想听""只要是妈妈说的，我都反感并拒绝"呢？这种担心完全是有道理的。事实上，这种小矛盾通常被大家忽视，并渐渐积累起来，最终形成大的矛盾。我们中的一小部分同学，已经和父母走得越来越远了，甚至想通过离家出走来获得自由。这难道不值得我们重视，并积极地去处理吗？所以，今天我们要特别认真地谈一谈这个问题：我为什么总是被妈妈冤枉？

首先，我们从妈妈的角度来看这个问题。事实上，从妈妈的角度来看，她不是在冤枉你，而是对你有期望，并要求着你。

我们先来看第一个问题：在写毛笔字的问题上，妈妈是否在冤枉自己？如果陶老师说，当妈妈说"背是弯的"的时候，这并非是一句

冤枉你的话，而是一句要求你的话，希望你的背更为挺直，你是否会感到稍稍的放松和释然？也就是说这不是冤枉，而是愿望，是要求，是期望。妈妈心里可能会这样想，我多么希望我的孩子能坐得像军人那样笔直呀，这样的男孩多帅气呀，这样的女孩又是多么的优雅呀。所以，我得严格要求他们，千万不能放松了。因为带着这样的愿望和要求，只要一看到我们的背稍微有些弯，我们所写的字稍微有些斜，我们的眼睛离书有些近，他们就会提醒或者是提出批评。其实，让眼睛和星星一样闪亮，让身体像松树那样挺拔，这又何尝不是我们每个孩子热切渴望的呢？

　　然而，我们为什么放弃了这样的愿望呢？因为理想总是和要求联系在一起的，它可能会带来身体上暂时的不舒适。因此，你们心里想的可能就是：我已经很努力地把背挺直啦，这已经让我感到有些不舒服了，应该很直了吧，我的同桌甚至都没有我坐得直呢！同学们，你们看，妈妈是把我们和她们心中的、未来的理想男孩或者女孩相比，而你们呢，是和弯腰的舒服感觉相比，甚至和同桌相比，那结果当然就不一样啦。因此，你们内心出现的这种"冤枉"的感觉背后，其实只是妈妈对你的愿望和要求，并且是由于她们的愿望和要求，与我们对自身的要求有一定的差距而导致的。

　　在关于练习时间的这个问题上，也是同样的道理。其实，当妈妈说你没有写够时间时，她想要告诉你的是，你写的质量还不是足够好。如果你的五篇毛笔字写得又快又好，妈妈高兴还来不及呢。因此，妈妈是在要求着你。而你，没有理解妈妈的期望，把妈妈所规定的练五篇毛笔字当作一种任务，希望赶紧完成，这样做当然达不到妈妈所预想的期望，矛盾就出来啦。

当然，不能否认，有时妈妈对你们的期望过高、过急了，这样的心态往往会遮蔽了她们的视线，使她们不能以一种比较客观的角度来看待我们、要求我们。例如，她们很可能忽视了我们孩子身体的特点，忽视了我们身体的稚嫩性和柔韧性，只要稍微不注意，或者坐的时间过长，身体就会弯曲，这是很自然的事情，练毛笔字需要合理地安排时间，并有耐心。

其次，我们还得从自身的角度看待这个问题。在妈妈对我们过急的期待、过高的要求里面，难道我们就没有一点错误吗？我们是否经常有偷懒的念头，想要舒舒服服地享受着妈妈所提供的服务呢？例如收拾房间，这类简单的事情本来应该是由自己做的，我们是否有时为妈妈的代劳而暗自庆幸呢？又如，我们晚上经常不收拾第二天所需要的书本和文具，却让父母在一个电话之后，气喘吁吁地跑过来送上我们遗漏在家的作业本或学习用具。还有，在学校门口，当你从妈妈的自行车上下来的时候，经常是你自己把书包背上呢，还是妈妈帮你把书包背上的呢？吃饭的时候是自己学着主动分发碗筷，还是在玩游戏、看电视，等着妈妈的再三催促呢？这样的事情还有很多，很多……

如果你的答案是肯定的话，你还能埋怨妈妈对你有过高的要求吗？同学们，当你们沉浸在父母所提供的过度保护和过度关心里时，你可知道它将意味着什么吗？它意味着父母在无意识中，对你的行为过分干涉以及提出过高的要求；同时，它还意味着父母对你没有足够的信心，始终对你不够放心，因为在他们眼中，你能做的事情很少。孩子们，在我们的成长过程中，经常会受到一些这样那样的诱惑，心里会有一些摇摆，对父母的干涉既暗自庆幸，又深感厌烦。暗自庆

幸，是因为自己更舒服，什么都不做便有好吃的、好玩的在等着我们；而厌烦的是，父母对自己提出各种要求。事实上，这两件事情是必然联系在一起的。

所以，当我们碰到和妈妈意见不一，碰到类似的"冤枉"事件时，不妨分别从自己和妈妈的角度着手，化解这其中的不愉快。

第一，消除自己的懒惰心理。自己对自己提要求，自己的事情自己做，并且努力把它做好。用行动来告诉妈妈，你是有能力管理好自己的。这样，你才可以为自己赢得空间和自由。当妈妈要为你代劳时，你还可以主动告诉妈妈：妈妈，我自己来，请妈妈去做自己喜欢的事情。

第二，当"冤枉"的事情仍然存在时，不妨请教第三方。例如老师、爸爸，请他们来做一个评判。俗话说："当局者迷，旁观者清。"从几个人对这件事的分析判断中，你大致就能够分出什么是合理的，什么是不合理的。

第三，如果这只是妈妈对你偶尔的一个误解，那么，和妈妈解释解释，有则改之，无则加勉。

第四，提高对自己的要求和标准，努力培养自己的学习兴趣和生活的情趣。这样，当你的愿望和妈妈的愿望一致时，当你的要求和妈妈的要求一致时，被冤枉的事情就会大大减少，甚至可能没有。很有可能的事情是，你若对自己提了过高的要求，妈妈反而会帮助你适当降低要求，帮助你顺利地去实现你的愿望和梦想呢！

第七讲　感受母爱

　　大家好，非常高兴我们又见面了。这次心理午会能给我们带来什么呢？首先，陶老师要考考大家，你们知不知道下周日是什么节日呀？对，母亲节。母亲，一个多么温馨的词语，它让我想起了我们同学中的一些关于母亲的来信。这些来信中都提到了一个这样的问题，那就是：我觉得妈妈不爱我了，这是为什么呢？每次看到这样的来信，陶老师总要在心里笑一笑。哟，真是一些傻孩子，天底下哪有母亲不爱自己的孩子。若是你们的妈妈看到了你们的信，必定也会像陶老师这样想。不过，陶老师也不得不承认，你们内心的这些想法是真实的，因为无论是谁，在他成长过程的某一个时刻，都产生过类似这样的疑问：妈妈真的爱我吗？母爱对一个人来说是如此的重要，以至于每一个人都要寻找和回答这样的问题：母爱究竟在哪里。今天，在母亲节来临之际，让我们带着这个问题，一起进入午会的主题：感受母爱。

　　人们常常说，母爱是伟大的，母爱无处不在。但是，我们却常常会因为这样或者那样的原因而感受不到它的存在。其中有这样一个女孩子，她因为感受不到母爱而给我们写了一封信，希望能通过这封信找到母爱。她究竟怎么了，她的妈妈到哪里去了？让我们一起来打开信笺看看吧。来信是这样写的：

　　老师，您好。因为爸爸妈妈离婚了，所以我跟着爸爸。他不让我到妈妈那里去，妈妈也没有来看我，我很伤心，妈妈不要我了吗？您说我该怎么办呢？

这封信很短，总共只有三行字。可是，同学们，你们是否读出了每一个字背后凝结的无助与悲伤？回想一下我们平时的生活吧，母亲偶尔对我们的冷淡、忽视和责备，都会使我们感到失望，会让我们误以为母亲不爱我们了，更何况是离婚这样重大的事情呢。那么，她的妈妈真的不要她了吗？如果还爱她，为什么不来看她呢？

一个偶然的机会，我们接待了这位妈妈，从她与我们的对话交流中，我们看到了一个真实的母亲。现在，就让我们轻轻地走近母亲，感受母爱的心声吧。

在离婚的事情上，作为孩子母亲的我，有着一定的责任。当初我把婚姻生活想得太简单、太完美了，对另一半欠缺一份包容和理解。当遇到一点伤害时，就承受不起，整个人几乎崩溃，做事情也失去了理智，所以才让婚姻走到了尽头。在协商女儿监护权时，为了不让女儿在法庭上面对选择跟爸爸或者妈妈的伤害和痛苦，我主动放弃了监护权，也放弃了所有应得的财产，只是希望女儿将来有更好的生活和学习的经济基础。

和女儿分开以后，我情绪陷入了极度的低谷，心态极差，对生活也失去了信心和勇气。在这种情况下，他爸爸让我少见她，能让她少受我的负面情绪的影响。其实我也认可，我再也不愿意伤害孩子了。假如把相聚变成彼此的痛苦面对，我宁愿放弃。因为每次短暂团聚，接着就是残酷的分离，不要说是一个八岁多的孩子，就是作为妈妈的我都难以忍受。我希望她在大人的事情上不要过多地分心，把心思用在学习上，做一个自强、自信、品学兼优的孩子。并且请您告诉她，她的爸爸和妈妈永远都是最爱她的。

听到这里，我相信在座的每一个老师和同学都和陶老师一样，心情难以平静。没有人再认为孩子被妈妈抛弃了，也不会有人怀疑这位妈妈不爱她的孩子。她几乎失去了整个世界，却还在尽力地给女儿留下一个宁静的空间，不让自己凌乱的世界干扰孩子的生活，这难道不正是爱的表达吗？在生活中，我们常常误以为，母亲不在我们身边、不再急于满足我们的要求，那就表示妈妈不爱自己了；而只有当母亲在我们身边，为我们提供一切，满足所有的愿望时，那才叫爱。其实，严格说来，这后一种不叫爱，只能叫作本能。真正的爱是一种境界，是理性的，是无声的，它有时看起来甚至是一种"不爱"，就像这位母亲那样。由此可见，即使没有温柔的声音与春风般的笑脸，母爱也依然存在。

既然母爱是存在的，那么，我们怎样才能感受到它呢？如果我们因为某些原因而暂时失去了母爱，那么，我们又该怎样重新找到它呢？

第一，用行动来感受母爱。就是说，你要首先用行动来爱你的母亲，然后才能真正感受到母亲对你的爱。如果我们要理解母爱，就必须理解母爱的付出，而要理解付出，那就得自己先学会付出。虽然我们年龄还小，但是同样可以付出。付出，就是当妈妈为我们准备好丰盛的晚餐时，我们能够真心地对妈妈说：谢谢妈妈！妈妈，让我来为你盛饭。付出，就是当妈妈不懂现代新科技、新技术而苦恼的时候，我们能耐心地教妈妈学习它、认识它。付出，是当妈妈面临人生中巨大的挫折时，我们能够告诉妈妈：妈妈，不要紧，我要努力做一个自强、自信、品学兼优的孩子，而妈妈也要努力开始新的生活，让我们共同来创造奇迹吧！

相反，如果母亲只是一味地付出，那么，再深厚的母爱也会干涸的。同样，如果我们只是被动地接受爱，那么，再多的爱也会感到乏味，甚至麻木。同学们，你们知道吗，你们的妈妈不仅仅在爱你们，也希望被你们所爱。而你们的爱会让你们的母亲更加勇敢、快乐、更富有智慧。你希望你的母亲是最勇敢、最快乐、最富有智慧的母亲吗？那么，用行动来爱你的母亲吧。

第二，用心记住母亲的好，并表达出来。在这里，陶老师要和同学们分享一个关于母亲的故事，也希望每一个同学能记住它，并把它讲给你的妈妈听。这个故事名叫《婴儿与上帝的对话》。

有一个婴儿即将出生。一天，这个婴儿问上帝："他们告诉我，明天你将要把我送到地球，不过，为什么我在那儿会那么小和无助呢？"

上帝说："在所有天使之中，我已经选中了一个给你，她将会等待你和照顾你。"

"不过，"婴儿继续问，"请告诉我，在天堂我除了歌唱和微笑之外什么都不做。这些是我快乐所需要的？"

上帝说："你的天使每天将会为你歌唱和微笑。你将会感受到你的天使的爱。你会感到快乐。"

"还有，"婴儿又问了，"如果我不懂他们说的语言，当人们对我说话的时候，我怎样才能理解呢？"

"这很简单，"上帝说，"你的天使将教会你语言中最美丽和最甜蜜的词语，带着最大的耐心和关怀，你的天使将教会你怎样说话。"

婴儿说："我听说地球有坏人，谁将会保护我呢？"

上帝把手放在婴儿身上说："你的天使将会保护你，甚至会冒着生命的危险。"在这一刻，婴儿在天堂感到了无比的安详，不过已经可以听到从地球传来的声音，婴儿有点急促，急切地问："我现在将要离开，请告诉我天使的名字！"

上帝温柔地回答说："你的天使的名字并不那么重要，你可以简单地叫她'妈妈'！"

其实，我们每一个妈妈都是孩子的天使，而每一个孩子也都是妈妈的天使！祝愿你们和你们的妈妈，都同时拥有爱与被爱。最后，祝你们的母亲，以及每一位像母亲一样关怀着你们的老师，节日快乐！

第八讲　妈妈爱翻我的书包

很高兴又和大家见面了。人们常常说，生活是一个万花筒，里面什么都有。有各种形形色色的人，也有各种奇奇怪怪的事儿，连我们的烦恼也没有一个完全相同的。同学们，你们看，今天，我们又有位女同学遇到烦恼了。她遇上了什么样的烦恼呢？这样的烦恼是否也曾经发生在我们自己身上呢？让我们一起来揭晓今天心理午会的主题吧，那就是：妈妈爱翻我的书包。

在开学初，陶老师就接到了一封这样的来信，信是这样写的：

陶老师，我是一名五年级的学生，我性格开朗，非常爱交朋友。

但我发现我的妈妈一点也不信任我了！无论怎么说，我的妈妈总是每天翻我的书包，害得我什么东西都不敢放书包。我都快疯了。请您在广播上解答。

　　这封信很短，却提出了一个很多同学都会面临的问题，那就是父母翻我们的书包。对于父母这样的行为，不同的人有着不同的反应。你们瞧，有些同学觉得无所谓，"翻就翻呗"，这主要是一些低年级的同学，他们甚至还希望父母翻自己的书包，帮自己把书包里的东西整理好；还有一些同学，他们与父母之间沟通顺畅，自己的心思父母能猜个八九不离十，所以，他们也觉得无所谓。除了这两类同学以外，其他同学多多少少都有些在意父母的这些行为，还有些同学觉得无法忍受，感觉自己的隐私被侵犯了，甚至会因此而与父母发生争吵。给我们来信的这位同学，就是觉得难以忍受，她觉得她都要疯了，所以才给陶老师写这封信。那么，我们为什么如此在意父母这种翻书包的行为呢？

　　让我们一起来分析一下其中的原因吧。

　　首先，我们长大了，有了父母、家庭以外的自我空间。细心的同学会记得，在来信中有这么一句话："无论怎么说，我的妈妈总是每天翻我的书包，害得我什么东西都不敢放书包。"那么，这些害怕出现在妈妈眼前的是什么呢？是她的自我空间，或者说是她的隐私。原来，我们不知不觉中也开始有了自己的小秘密。在我们很小的时候，我们的世界也很小，只有我们和父母。随着我们逐渐长大，我们的世界也随之变大。那里面不仅有父母，更有着我们的伙伴，我们自己的思想。而我们的书包，就是装载我们内心世界的一个重要地点。书包里装的可不仅仅是我们的书本和文具，它更是装着我们的心灵世界，一张卡片，几句同学间的悄悄话，或者是老师的一封表扬信或批评信等。有时我们确实不想让父母知道，或者还没有做好心理准备让父母知道这些秘密。所以，父母翻书包，无疑就像是用暴力闯入我们的心门，从而让我们觉得受到了伤害。这也是这位同学所经历的。

其次，是误解了父母翻书包的意图。在来信中，这位同学写道："我发现我妈妈一点儿也不信任我了。"其实，这只是一个表面的原因，更深层的原因，是因为父母感到不能理解我们了，他们为此十分不安。可能是我们逐渐在长大，正处于一个容易敏感而自我封闭的阶段，也可能是我们确实因为某些原因而故意疏远父母，不愿意和他们交流。总之，父母感到我们在渐渐地疏远他们，他们无法得知我们身上发生的所有事情、心里所想的一切。与此同时，他们作为我们的监护人、教育者，这样的角色和责任又时刻要求他们必须了解我们，所以，他们的内心非常失落和着急，就采取了简单粗暴的方法——翻书包。这位同学并没有完全说对，并不是说她妈妈不信任她了，而是妈妈感到着急了，她想从书包里找到一些线索来了解她的孩子。由此可见，这个问题和矛盾的出现，是由于父母和我们在"沟通"上出现了问题。因为父母感到孩子跟自己的沟通越来越少，而自己又一时找不到办法，才被迫采取了"偷看"的方式。

其实，父母的知情权和孩子的隐私权，都应该得到尊重。那么，我们可以使用哪些办法，来使这两者达到平衡呢？

第一，首先要检查和反思自身的秘密和隐私是否合理、恰当。其中一个很重要的标准是，这个秘密是否已经影响了你的学习和生活，是否使得你的行为偏离了方向。有秘密不要紧，每个人都拥有秘密。

但是，如果因为这个书包里的秘密，而使我们上课走神，作业变得马虎，学习成绩下降，脾气也变得容易暴躁，甚至还出现一些反常的行为，那么，它就确实影响了我们的学习和生活，同时也会使得父母不再信任我们，那么，这个秘密和隐私就不应该继续存在，父母就有权利知道，以免我们在人生道路上越走越偏。试想一下，如果你的行为始终是让父母放心的，那么，他们又何必挖空心思地想要了解你的秘密呢？

第二，主动与父母分享你的内心世界。这样，父母心里就会觉得安全、踏实，觉得你与他们的心灵是贴近的，他们就不需要通过翻书包来了解你的内心了。总之，我们是可以通过自身行动，来减少父母的这种过激行为的。因为在某种程度上，父母翻书包的行为是一种关心、爱的表达，他们需要一段时间来接受你已经长大这个事实，进而调整他们对待你的方式。所以，这个时候不要把父母推开，这会让他们感到伤心，也不利于调整他们自己对待你的方式。

第三，主动了解你的父母。如果你总是觉得和父母难以沟通，或者你在父母面前总是很紧张，那就表明你不了解你的父母。你仅仅把他们当作管理自己、约束自己的权威，而没有学会把他们当朋友。其实，父母的内心世界和我们儿童的内心世界一样，都是装满了各种各样的秘密的，都是丰富多彩的。他们也曾经是孩子，现在也还是爷爷奶奶的孩子，他们和我们一样，都经历了调皮好动、少不经事的童年，也经历了冲动而又懵懂的青春期。说不定你装在书包里的玩具、照片、纸片等秘密，也是他们当年的秘密。所以，我们很多秘密其实都是可以与父母分享的，而且父母曾有过类似经历，还可以帮你看得更宽，看得更远。

今天，为了帮助同学们更有效地与父母沟通，陶老师要给大家介绍一种方法。这是一个家庭游戏，名叫"斯宾塞纸牌"，它不仅让你和父母能彼此了解，还能营造出和谐的家庭气氛。这副纸牌不是一般的纸牌，而是12张事先写好的卡片。父母和孩子轮流掷骰子，掷到哪个数，就取出哪个数的卡片，并回答卡片上的问题。有需要的老师和同学可以记一记。这些问题是：①讲一讲你最不快乐的事情；②讲讲你觉得自己做得最好的事情；③评价一个你周围的人；④今年你最希望得到什么；⑤哪件事，你努力了，但成效不大；⑥拥抱一下你喜欢的人；⑦你对自己有什么不满意的；⑧深呼吸三次……还可以根据你们自身情况加入一些笑话、节目表演等。

我真心希望，遇到类似问题的同学能从我们今天的午会中，找到适合自己的方法，让这类烦恼不再出现。

第九讲　妈妈不喜欢我的朋友

亲爱的同学们，当我再一次坐在这个广播室里，心里特别激动。因为我知道，教室里有我许许多多的老朋友，你们愿意用心倾听我的声音、我的讲话，愿意跟随我进入神秘而奇妙的心理世界。每次当我想到这一点，我的心中就充满了快乐和幸福。我希望你们也能在这个午会中得到快乐和幸福。在新学期的第一次午会中，在我们展开我们同学的来信之前，陶老师想要对我们的听众朋友说几句题外话。

首先，我要对我的新听众朋友，特别是一年级的小朋友表示最诚挚的欢迎，欢迎你们加入心理午会。你们可能会很诧异，咦，这个人

是谁呢？她在哪里呢？如果我们想去找她的话，我们应该到哪里去呢？不要着急，让我慢慢来告诉你们。我是我们学校的心理健康老师陶老师，更是你们的知心朋友。当你感到烦恼、感到悲伤，甚至感到绝望时，请你们一定要记得，在这个校园里，有一个陶老师就在你的身边。我愿意分担你的忧愁，愿意与你一路同行。你可以写信告诉我，也可以到心语聊天室来找我，甚至还可以给我打电话、发电子邮件。我很愿意做你的知心朋友。

其次，我想要对我的老朋友，那些熟悉我的听众朋友，表示最诚挚的祝福。祝福你们又长高了，智力得到了发展，祝福你们升入了新的年级，从此迈进了新的知识海洋。如果你通过努力解决了生活中的一些难题，那么，陶老师还要祝贺你，因为你不仅仅长高了，你的心智也更加成熟了。如果你的问题还没有得到解决，那么，也不要沮丧，就让我们继续努力，一同来解决吧。

同学们，让我们继续带着一颗好奇而勇敢的心，一起来进入我们今天心理午会的主题：妈妈不喜欢我的朋友。

陶老师曾经收到过一封这样的来信，信里诉说的就是这样一种烦恼：

陶老师，您好。我发现我现在越来越受不了我的妈妈了。她一会儿说你不要和这个同学玩，一会儿又说你也不要和那个同学玩，那我和谁玩呢？我真不明白，为什么妈妈对我的好朋友有那么多意见！

同学们，你们有没有像这位同学一样，遇到类似的烦恼？其实，陶老师收到的不只是一封这样的来信，还有好些信也反映了同样的问题。也就是说，这是我们许多同学，在交朋友时都可能面临的问题。朋友，对我们的生活是多么重要啊！没有了朋友，在学校里是多么孤单啊，连学习也可能变得乏味；而妈妈，又是我们生命中重要的人，她的爱，对我们来说又是多么的重要。如果这两者发生矛盾和冲突，我们该如何是好呢？究竟是按照自己的想法去做，继续和朋友交往呢，还是听妈妈的话，不跟那些妈妈不喜欢的朋友来往呢？

让我们还是回到这封信上，先来分析一下问题的原因吧。

在信中，这位同学说，她不明白为什么妈妈对她的好朋友有那么多意见。其实，发生这种情况往往是由下面三种原因引起的：

第一，妈妈对你的朋友不了解。妈妈担心你，她不了解你的朋友，或者了解得比较片面，自然就不会放心你和他们交往。比如说，她只看到这个同学学习比较差，或者是那个同学玩得比较疯狂，而没有看到他们优秀的一面。但是你却看到了，那个精于算计的家伙学习比较勤奋，那个爱欺负人的同学比较勇敢，而那个爱撒谎的朋友却乐于助人，等等。当你有了这些发现，一定要向父母讲。

第二，自己的自控能力不够。我曾经遇到一个同学，她就是因为老是受到同学的影响，而不能及时完成作业，导致竞选中队长的资格也被取消了。也因为这样，她的父母就不让她再和她的好朋友玩了。同学们，你们知道吗？其实，很多时候是因为我们自己贪玩，自己没有管理好自己的事情，而让我们的朋友受到了误解。这个时候，原因不在朋友那里，也不在父母那里，而恰恰是在自己身上。

第三，这些朋友身上可能确实有一些不好的品质。朋友有好有

坏，而且有些不好的品质，确实会使我们受到不良的影响。所以，我们要培养自己鉴别事物好坏的能力，形成自己判断朋友的一些标准。同学们，在你们心目中，哪些品质是好的，哪些品质是不好的呢？你们交朋友的标准是什么呢？陶老师交朋友是有一些标准的，陶老师特别喜欢能分享、会合作、肯赞扬别人、遵守游戏规则、知道道歉、尊重别人、愿意帮助别人的同学，这些品质都是好的，积极的；不喜欢那些攻击别人、霸道、争吵、说脏话、抢东西、插嘴、嘲笑别人、骚扰他人、不懂倾听、游戏时过于粗暴的同学，因为这些品质是消极的，不仅陶老师不喜欢，绝大多数人都不喜欢。很有可能的是，给我们来信的这位同学的妈妈并没有给她的孩子具体地指出她的朋友有哪些不好的品质，而仅仅是简单地说"这不行""那不行"，难怪这位同学要犯迷糊了。

现在我们知道这个问题的原因了，那么我们可以怎么做呢？

第一，让妈妈了解你的朋友。在家里，可以自豪地向妈妈讲讲自己的好朋友，让好朋友不仅仅被自己所喜欢，也被妈妈所喜欢。

第二，加强自我约束的能力，学习自我控制。父母对我们信任了，也就自然会信任我们的朋友。

第三，培养鉴别事物好坏的能力，形成自主选择朋友的标准。当父母的言语过于简单时，不要害怕，你可以勇敢地继续提问，希望他们能够具体地向你说明原因。当然了，你在用这些标准来选择、评价朋友的时候，别忘了还要用这些标准来要求自己。

朋友，是我们一生宝贵的财富，他们让我们不再孤单，还让我们学到许许多多宝贵的知识。其实，作为过来人的父母，在内心都希望自己的孩子拥有几个真心的朋友。所以，我想，经过努力，我们和父母之间的意见分歧是会得到解决的，而我们也能在这样的努力中学会鉴别事物，交上益友。

第十讲　怎样面对父母的压力

在生活中，我们每个人都会面对这样那样的压力。例如学习方面的压力，尤其是将要毕业的同学面对的升学压力；也可能是人际关系方面的压力，例如同学之间闹矛盾了，不能好好相处，等等。此外，还有一种压力，它来自父母。父母的期待如果太高，或者如果我们不能正确地面对父母的这种期望，那么，情况会变成怎样呢？让我们一起打开一封来信，看看其中究竟发生了什么：

信是这样写的：

陶老师，您好。如今的家长是不断地往我们身上施压，连周末都给我们报这样那样的兴趣班，难道这就是童年？

在学校，我尽量让自己表现得很好，让老师满意。但是家长却认为还要更好，而且老是拿我和班上的几个尖子生作比较，弄得我连一点自尊心都没有了！

我们难道没有快乐的权利吗？

信的内容念完了。不知道大家听了以后，心里有什么感受？对陶老师来说，当我看完这封来信，有两个词语一直在我脑海里浮现。那就是"童年"和"快乐"。什么是童年？怎样才能获得快乐？我一直

在思考这两个问题。

那么，是什么让给我们来信的这位同学不快乐？一方面是他被父母逼着去上兴趣班，这让他的童年非常忙碌，时间也被填得满满的，自由玩耍的时间变得很少，所以他不快乐；另一方面是他被父母拿来与他人作比较，让他觉得很没有自尊，所以也很不快乐。

我想，这两种现象在我们同学当中是普遍存在的。试问有哪位同学没有参加一个或者多个兴趣班呢？又有多少同学没有听到过父母在自己面前夸讲别的孩子。也许是有例外，但是很少。

但是，有些人觉得这不是问题，他们认为，父母都这样，能理解父母的心情。而有些同学就觉得压力很大，就像给我们来信的这位同学，觉得没有了童年，甚至失去了快乐的权利。是什么导致了他目前的这种情况？为什么他会感受到这么大的压力，以至于让童年都受到质疑和否定？

一方面，可能是他的父母确实很着急，期望过高，给他报的兴趣班确实太多了，导致他的休息时间不够，精力也被大大地分散了，学习效果不好，体验不到成功的快乐。

另一方面，就是他与父母的沟通不是很充分。他在信中用到"施压""不断"等词语，让我们感觉到，他没有合理地表达出他自己的意愿，在这个过程中，更多地是被动地接受，因此感觉自己得不到尊重。

第三个原因，也是最为重要的原因，就是他没有从这些兴趣班中获得足够的学习乐趣。那我们一起来找一找，参加这些兴趣班会给我们带来哪些快乐呢？快乐可能存在于学习当中，比如当我们学会了新的技巧时，是不是感到兴奋无比呢？当我们从中取得进步、获得好成绩时，是不是感到很自豪很欣慰呢？快乐也可能存在于学习之外。当我们因为拥有某项技能而能够很快融入某个朋友团体时，是不是感到很愉悦呢？当我们能够在别人面前展示自己的才艺，得到他人认可和赞赏时，是不是对自己感到自豪呢？大家想想，上面所说这些兴奋、自豪、愉悦和自信等，这些积极快乐的情感是不是之前努力学习所带来的呢？

其实，很多兴趣是我们在后天逐渐培养出来的。当我们能够获得上述的这些乐趣时，对学习的兴趣就会大大提高，压力也就随之减小了。我希望所有参加兴趣班的同学都能从中获得这样或者那样的乐趣。这是我们老师和家长都希望看到的。

当然，我们也不否认，一些同学在学习过程中，因为这样或者那样的原因，对学习的内容完全失去了兴趣，没有丝毫的快乐可言，甚至是非常的厌恶，感觉非常痛苦。这个时候，我们应该停下来，告诉父母自己最真实的感受。我想他们会理解的。实在不行，还可以跟老师说，跟家庭其他值得信赖的亲友说，让他们跟父母沟通。换一个人，也许要好沟通一些。

因此，当你感觉压力过大时，得静下心来问问自己，这种压力是属于正常的还是不正常的？是暂时的，还是持续了很久的？如果这种压力已经让你感到痛苦和害怕，那么确实需要停下来了。因此，也不妨用以下三个问题来问一问自己，你真的愿意放弃正在学习的这些东西吗？尤其是，如果已经取得了一定的成就，那么放弃了不会觉得有丝毫遗憾吗？你所需要的究竟是调整还是放弃？倾听自己内心最真实的声音，将会帮助你做出正确的选择。

我觉得，给我们来信的这位同学以及在座很多同学都是属于前一

种情况，是正常学习过程中的暂时情绪。也许是因为参加的兴趣班太多，导致休息时间不够；也许是因为处在某项学习的"高原期"，所以出现了一些焦躁情绪；也许是父母和老师要求过高，自己无所适从。正是在这些情况下，压力被放大了，这让我们感到疲惫，所以才渴望拥有自己支配的时间，才会产生以上的这些疑问。遇到这种情况，我们只需要进行相应调整就可以恢复正常状态。

方法一：暂停某个不是太重要，而且以后也可以继续学的兴趣班。等以后时间充裕了再继续学，目的是让我们有足够的时间和精力参加某个兴趣班。因为没有精力，也就没有效率。

方法二：再抓基本功。例如学钢琴，如果弹了很多遍都没有进步，那也不要着急，那就暂时往后退一点，练习最基本的指法，弹一些我们已经很熟练的曲子。当然，这个时候，一招一式都还是要严格按照要求。这对于我们克服学习"高原期"是很有帮助的。

方法三：与父母沟通。可以给父母写信，也可以站在父母的角度，真诚与父母交流，说出自己的真实感受，让父母了解自己，能够给予自己更多的鼓励，等等。

在父母拿我们与尖子生比较的问题上，除了父母需要调整心态以外，我们也要学会正确看待和理解这种比较。父母的本意是想让你学习对方的某些长处，并不是否定你的全部。如果有，那也仅仅是气话，不用放在心上。我问过一些家长，包括表现得不是很好的学生的家长，他们也能毫不含糊地向我说出自己孩子的优点，而且还可以列举出不少来。这是否让我们在座一些同学感到诧异呢？这又说明了什么？说明我们家长不是没有看到自己孩子的优点，只是没有表达出来而已。更多时候，他们表现出来的是希望自己孩子学习更多的优点，成为更优秀的人。所以，遇到父母拿自己与别人比较，我们要学会转换这种潜台词，他们不是要否定我们，而是希望我们在某些方面变得更加优秀。

什么是童年，什么是快乐？我想，童年是自由与规则并存的时期，体验着自由，也体验着来自成人与社会的要求与压力；童年还是发展自己的兴趣爱好的关键时期，体验着耕耘中的艰难，也体验着收获的充实与快乐；童年也是自主和成长不可逾越的阶段。所以，不要害怕困难，要积极与人沟通和交流，要积极地想办法，那是我们踏入智慧的青少年阶段所必须的学习与探索。

第十二讲　妈妈老爱拿我和朋友作比较

老师们，同学们，大家下午好。

今天的午会我们一起交流探讨的话题是关于"比较"。我们在生活中常常会遇到各种比较的现象，"我比他高"，"他比我勤奋"，"他比她强壮"，等等。这样的比较能让人看清自身的特点和优势。可是，生活中还有些其他的比较，它让人难受，甚至给我们心里留下阴影。为什么会出现这样的情况呢？这样的情况在你身上是否也发生过呢？让我们来看一封女同学的来信。她反映的正是"比较"给她带来的烦恼。信中是这样写的：

陶老师，我最近的心情指数直线下降，这是因为我的妈妈太爱把我与我的许许多多的好朋友作比较了，我就认为她在数落我，我心里异常难受，有时心情不好时想顶一句："就我最不好了，就我最差了，你去养她吧！"我不知道我到底怎么了。前段时间都没有这样的心态，我觉得我简直就像变了一个人一样，我都快要疯了。希望您能帮助我早日走出阴影，谢谢。

听完来信的内容，大家都明白了，原来这位同学遇到的是被妈妈拿来与朋友作比较。比较本来是一件常见的事情。可是，却给我们这位同学带来了这么大的困扰甚至是痛苦，让她"变了一个人"，让她感觉自己要"疯"了。这时"比较"就变成了一件不太正常的事情。我相信，遇到类似烦恼的也不止这位同学，也许在座同学中也有。如果不能及时处理，就会在心里留下阴影，变成一种负担，变成亲子关系的障碍。因此，我们需要认真去反思和分析这种现象及其发生的原因。

究竟是什么原因使她在心中产生这种阴影呢？

从来信中我们可以看到以下两个原因：

第一个原因是，妈妈的过度和片面的比较。也许妈妈比较的初衷是想指出她身上的某些不足，让她多向优秀的同学学习。但由于方式不当，给这位同学心里造成了另一种印象，就是妈妈不断地在数落她，打击她，甚至会产生"我身上没有任何一点地方是妈妈满意的"这类想法。在这种处境下，我们就可以理解为什么她"心情直线下降"了。

第二个原因是，过多的比较让她产生了很多不满的情绪，但这位同学又没有找到恰当的方法与父母交流。久而久之，这些说不出来的、不断累积的消极情绪影响了她，让她变成了另一个人。这样我们就可以理解她在来信中的这句话："我觉得我简直就像变了一个人一样，我都快要疯了。"其实，这"变了一个人"就是她身上这些得不到释放的情绪呀。

那么，这是不是说"比较"就很不好呢？有些同学或许会想，如果生活中没有比较，那该多轻松呀。如果你这样想，那就错啦。正如我们午会开始就讲到的那样，"比较"是我们生活中常见的一种现象，我们每个人每天都难免会碰到它。而且，世界的万事万物都是在对比中存在的。同学们，你们知道吗，在这个世界上，没有什么人、没有什么事物是能够孤立地存在的。例如，没有黑暗，就没有光明；没有苦，就没有甜；没有丑，就没有美；没有失败，就没有成功……再想想，我们平时是不是也在不知不觉中用到"比较"的方法呢？嗯，有的同学会说，"我现在比以前更懂事了，生活自理能力更强了，不需要妈妈的督促了"，这就是在跟自己的过去作比较；还有同学会说，"我觉得这本书更有趣"，这是两本书之间的比较。同学们，你们看，在生活和学习中是不是也离不开"比较"呀！

虽然"比较"是我们常见的方法，可是它却给一些同学带来了那么多的烦恼，就像来信中这位同学那样，"比较"令她否定自己，对妈妈产生抵触情绪。在这种情况下，该怎么去克服和面对呢？

首先，我们要认识到妈妈"比较"行为背后的心理和情感。

许多父母都有一种惯性，就是把自己的孩子与别人的孩子进行比较，而且大多数情况下是夸别人的孩子的优点，说自己孩子的不足。这种惯性的背后有两种心理，一是给对方家长和孩子面子，让对方高兴；二是督促和鞭策自己的孩子不要骄傲自满，要向优秀的孩子学习，学习他们身上的优秀品质，变得越来越优秀。这是每位家长作比

较时的初衷。也许他们会不自觉地要比较，也许他们的比较很片面，但他们的心里绝不会是要去否定孩子身上的一切，更不会因为别人的孩子优秀而真的想要去换别人的孩子来养。因为每个孩子都是父母心里的宝，孩子身上寄托着父母的美好希望。所以，我们不要被这样的一些"比较"所吓倒，更不要因此而自暴自弃和否定自己，要对我们的父母有信心。

其次，我们也要理性地看待父母"比较"行为中积极的一面。

中国有一句古话，"良药苦口利于病，忠言逆耳利于行"。有时父母会因为"望子成龙"的过急心态而频频地将我们与他人进行比较，虽然那些"比较"的话有些刺耳，有时不太让人舒服，但是，抛开他们方式上的不恰当，我们冷静地想一想，会发现他们在一定程度上指出了我们的一些不足和问题：确实有同学做事比我细心，值得我学习；确实有同学比我上进，值得我学习。接受自己的不足，这需要勇气，但也是让你变得更加优秀的必经之路。

再次，我们还要学会自己跟自己比较，做最好的自己。

在心理学中，有两种比较方式：一种叫"横向比较"，意思是把自己和同龄人比；另一种叫"纵向比较"，就是拿自己的现在和过去比。信中的那位妈妈用的就是"横向比较"的方法，这种方法的好处是能帮助我们看到自己的不足，找到与其他同学的差距。但同时这种比较方法也有它的片面性。因为每个人的情况都不一样，每个人的性格、爱好、能力、天赋都是独一无二和不可替代的。我们要对自己有信心，要做最好的自己。所以这个时候，我们需要别人，更需要自己对自己作纵向的比较，它的衡量标准就是，"我进步了吗"。我们每天都可以问问自己，"今天，我的行为习惯有进步吗""今天我的词汇量增加了吗""今天我的计算速度有提高吗"……如果有，那你就是最棒的！你将来一定能成为一位非常优秀的人！

最后，我们要学会与父母沟通。

与父母相处过程中，出现一些不愉快的情绪是正常的，这时要学会合理地表达自己的想法，不要让这些不良情绪累积起来，而最终导致抵触或与父母消极对抗的破坏性后果。可以采取"理解法"，"妈妈，你说得真对，我发现某某同学真不错"；也可以采取"分析法"，"妈妈，我知道你的苦心，但是事情总有个过程嘛，慢慢来嘛，我会努力的"；最后还可以采取一些"幽默法"，"妈妈，如果我是孙悟空、会七十二变就好啦，那你和我都不用发愁啦"。

第十三讲　奶奶总把我当婴儿

老师们，同学们，大家下午好。

作为孩子，没有哪一个人不希望获得父母、老师或者其他长辈的爱，因为他们对我们的爱和帮助，是我们成长的动力和保证。可是，如果这种爱和帮助多于我们正常的需要，情况又会变得怎样呢？你有没有经历过这样的烦恼和困惑呢？我们有一个同学，他就遇到了这样的烦恼。让我们打开信，看一看：

陶老师，我很烦恼，因为奶奶老是把我当成小婴儿一样，什么事情都不让我做。比如，我一个人去上英语班，英语班离家很近，可奶奶一定要送我。这我可以理解，奶奶担心我嘛。可是在家里，我想擦桌

子，奶奶都不让。这让我觉得我是个笨蛋，什么都不会。我不想拒绝奶奶的好意，可我总不能什么都不做吧。陶老师，你能帮我解决这个问题吗？

　　听完了来信，你心里有什么感觉呢？你又想到了什么呢？

　　这让我想到的是每天早上发生在我们学校门口的一幕幕场景：家长们亲自把同学们送到校门口，帮忙拿书包、递水、擦汗、佩戴红领巾，甚至同学们都走进校园里了，家长还在恋恋不舍地看着，不愿意离开。我发现，这里面不仅有许多低年级的同学，也有不少中、高年级的同学。我想问问这些同学：你们心里是怎么想的？觉得那是理所当然呢？还是觉得很不自在，想要努力摆脱这种局面？你们有没有对这种过度的关怀产生过疑惑，并感到烦恼呢？

　　收到这封来信时，我很高兴，因为我听到了这位同学发自内心的声音，想要独立、要求上进的心声。让我们来体会一下来信中的这些句子："英语班离家很近，可奶奶一定要送我"；"我想擦桌子，可奶奶不让"；"这让我觉得我是个笨蛋，什么都不会"。这三句话背后的含义是什么呢？——对，那就是：让我来，我能行！他想告诉奶奶，"我可以一个人上英语班，我也可以擦桌子、做家务！我，不再是婴儿了！"因此，这是一位有主见、积极上进的同学。他想要证明自己！可惜，奶奶没有听到他的心声，反而处处要替他考虑，处处护着他，以为这样就会给他带来快乐。正是这样，让这位同学感到非常烦恼。

　　那么，为什么奶奶听不到他的心声呢？为什么要处处保护他——阻止或代替他做那些他力所能及的事情呢？

　　首先，这是出自成人的一种惯性思维。也许这位同学是奶奶一手带大的，从小到大，都是奶奶在照顾着他生活的方方面面，处处替他考虑。但是，随着一天天长大，他开始要求独立了。可是，奶奶一时还不能跟上这位同学的变化，跟不上他成长的速度，始终停留在让他吃好、穿好、安全的水平上，于是冲突和矛盾就产生了。

其次，成人不仅会有一些跟不上我们成长的节奏，他们还可能对学习存在着一些误解。例如，他们认为我们只需要好好读书，其他事情都不重要。也许信中的这位奶奶也是这么想的，她不让孩子做家务，就是希望孩子把时间用在学习上。这种想法是不正确的。

什么是学习？同学们，你们想过这个问题吗？它指的仅仅是书本上的知识吗？绝对不是！学习的范围其实比这要广泛得多。我们学习的不仅仅包括书本知识，更包括了生活本身，包括生活需要我们掌握的各种技能，以及与人交往的能力，这些才是我们健康、幸福生活所真正需要的，也是我们学校"生活教育"所倡导的。细心的同学会发现，我们学校的许多暑假、寒假学习生活表中都有一些相关的设计和要求，例如要求同学们为家里做饭、参加一次社区活动、给社区提一条建议等。这都是在让我们提前感受社会、接触社会。这样的学习才是真正有意义的学习，也只有在这种学习过程中，我们才会产生真正的学习兴趣，才能感受到成长的喜悦。

大家不妨回想一下生活中让你快乐、让你充满喜悦的时刻。除了收到礼物，还有许许多多生命中的"第一次"：第一次拿到家里的钥匙、第一次一个人回家、第一次煮饭、第一次一个人骑车、第一次进入大游泳池、第一次登台表演……这些时刻让我们终生难忘！正是有了这许许多多的"第一次"，才让我们体会到"我能行"！当然，幸福还来自于克服困难和努力后的成功，一次次的成功让我们拥有了

"我能行"的自信。

相反，如果我们没有机会去尝试"第一次"和面对挑战，一直处在大人的羽翼下，又怎么能体会到这些幸福的感觉呢？有时，父母们尤其是爷爷奶奶或者外公外婆，他们意识不到这一点。他们以为，只要我们吃好、穿好，而且平安无事，就足够了，就应该感到幸福了。这种观点是错误的，至少是片面的，应该被纠正过来。

正因为家长在教育孩子的过程中难免有一些失误，学校和社会会在不同的场合对我们的家长进行教育，帮助他们成为更优秀的父母。同时，我们也可以向父母和长辈提出我们的想法，提醒和纠正他们的做法。

在具体的做法上，陶老师有以下的一些建议：

第一，在面对我们力所能及的事情面前，要勇敢地告诉家长，"让我来""我能行"。

第二，与他们交流你的感受和想法。你可以把在书中看到的故事讲给他们听，也可以用老师对你们说过的话来说服他们。当然，你还可以告诉他们，如果他们坚持这样做，同班同学会瞧不起自己的。事实上也确实如此，难道不是吗？

第三，用行动表明你已经长大了。有时家长意识不到我们已经长大了，这时我们需要做点事情来唤起他们的这种意识，尤其是做点家务事。其实，身为家庭的一员，帮助家长做点力所能及的事情是应该的，根本不用特意向家长请示。例如，你可以趁奶奶在厨房做饭的时候自己悄悄地把桌子擦了，在吃饭前悄悄地摆碗筷、给大家盛米饭；又如，每天简单地收拾和整理一下自己的房间。也许刚开始做的时候，做得不是很好，但不要紧，多做两次你就熟练了。

第四，在学校里争取更多的锻炼机会。学校是我们成长的一个重要场所，有很多锻炼的机会。例如主动帮助老师；大胆地举手，表明自己的观点；积极参加各项活动，认识和结交不同的朋友；学会请求朋友或老师的帮助等。这样，你不但锻炼了自己，而且收获了成长的喜悦。

最后，我想告诉那些有类似经历的同学，一定要保留着你的愿望，因为你这种想要锻炼自己的愿望是非常宝贵的，它是你迈出自主成长的第一步。有时候你可能会因为家人的不理解而感到沮丧，但别忘了给自己加油。只要坚持下去，不断地尝试，你就一定能够冲破重重障碍，收获成长的乐趣！

第十四讲　怎样看待家庭经济

老师们，同学们，大家下午好。今天我们午会的主题是：怎样看待家庭经济。

在很长的一段时间里，我们都沉浸在《小熊一族》的故事里。它让我们学会了很多有用的处事方法。有同学告诉我，当他在生活中遇到困难的时候，就会想到小熊一家，想想他们所用的那些方法，这确实帮他解决了不少问题。在此，我希望更多的同学也这样做，有意识地把午会中学到的方法运用到你的生活中。

但是，还有这样一些烦恼，是小熊一家没有经历过的，却又确确实实在我们同学身上发生了。正因为这样，我每周仍然会收到来信。其中有一些来信，非常希望我在这里公开。所以，在今天的午

会中，我们将暂时离开小熊一家，与这些同学一起面对所遇到的生活难题。那么，今天我们要共同面对的难题是什么呢？来信是这样写的：

　　陶老师，你好。我们家经济条件不好，爸爸一个月挣6 000元钱，还经常出差。妈妈没有工作，一天到晚省吃俭用。我也很节俭。可是，我的学习不好，还经常抄同学的答案，妈妈还以为我成绩很好。我还要上补习班，又花了1 000元钱，你说我该怎么办呢？

　　同学们，听我读了这封来信，你们觉得这个同学遇到的问题是什么呢？学习问题？还是父母期望问题？还是其他？陶老师注意到了来信中的两个关键词，那就是钱和学习。在来信的一开始他就提到家庭经济条件不好，结尾的时候也提到"又花了1 000元钱"，这位同学似乎非常关心家庭的经济并对此感到担忧，但是，问题在于，他并没有真正理解他的家庭的经济情况。这样的不理解其实也同样发生在其他同学身上。所以，今天让我们一起来探讨这样的话题：怎样看待家庭的经济。

　　从这封信中，我们能够感受到，这位同学对家庭的理解存在着两个误区，第一个误区是对自己家庭经济水平的判断；第二个误区是对妈妈生活方式的理解。

　　首先，我们来看第一个误区——对自己家庭经济水平的判断。在来信中，第一句话就是"我家的经济条件不好，爸爸一个月挣6 000元钱"。同学们，你们知道成都市人均年收入是多少吗？据我了解，2007年成都市区居民人均年收入是14 000多元，也就是平均每月1 200

元。而全国市区居民人均年收入最高的东莞是多少呢？26 000多元，也就是平均每月2 000多元。这仅仅是城市居民的水平。我们国家还有那么多农民以种地为生，如果以整个四川省的人口来计算，那么人均收入水平就更低了。统计资料显示，四川省2007年人均年收入为5 777元，在全国31个省及自治区中排名第20名。对照这个水平，一个月收入6 000元钱的家庭至少是中等及中等偏上的收入水平。因此他对自己家庭经济的判断是错误的。那么为什么这位同学会有这样错误的判断呢？我想，一方面，是因为这位同学自身对物质的要求太高，对物质抱有太多不切实际的想法，见到好玩的、高档的东西就想要买，一旦要求没有得到满足，就产生"我家经济条件不好"这样的错误判断。另一方面，是因为跟别人盲目攀比。同学们，你们要知道，每个家庭之间肯定是有差别的，但是一个富有的家庭的财富不是从天而降的，它是以人们所从事的职业、家庭背景等为基础的，更重要的是它还可能是通过几代人努力和奋斗的结果。所以，我们不能盲目进行攀比，而要看到差别背后的原因，并下决心为自己未来富足的生活而努力奋斗。

接下来让我们看看来信中的第二个误区——对妈妈的生活方式产生了误解。这位同学在来信中说，"妈妈没有工作，一天到晚省吃俭用"，这让人感觉这个家庭生活很困难，难以维持日常基本开销。事实是这样的吗？就我们上面所提到的，这个家庭是一个中等收入的家庭。中等收入，加上父亲经常在外出差，所以母亲才没有到外面去工作，而是留在家里，照顾孩子和老人，以及处理家庭各个方面的事情。这也是女性承担社会和家庭责任的一种方式。那么，我们怎么看待信中所说的"省吃俭用"呢？既然妈妈是在家里工作，那么她肯定

会精心安排和统筹整个家庭的开支。现在让我们都来想想，一般家庭的支出大概都有哪些方面？家庭的经济涉及每位家庭成员，也涉及方方面面的需要，所以日常的生活开支大概包括房租（房贷）、食品费、水电煤气费、日常交通费、老人的赡养费、保险费，以及平常的业余爱好、进修、身体锻炼、工作应酬和朋友聚会等各项支出，最后当然还有孩子的各项教育费，例如书籍费、补习班的培训费等。同学们，你们看，同时要支出这么多项，没有一个很好的计划和统筹能行吗？当然不行。因此，我们的父母（尤其是妈妈）就会根据家庭的收入来安排日常开支。但是这种有计划地使用钱并不等于"一天到晚都省吃俭用"，更不等于经济条件不好，而仅仅是根据家庭实际情况来安排生活，把钱用到最恰当、最该用的地方。这是一种生活的艺术，也是一种健康的生活方式，是每个成人都应该具备的，也是每个孩子从小就应该培养的。所以，同学们以后在消费的时候就要注意了，要问自己这样三个问题：这件物品是必须的吗？我买这件物品值得吗？我家的经济条件允许我这样消费吗？如果回答都是肯定的，那么，你的消费就是健康的、理性的。

最后，这位同学在学习上也存在着误区。明明知道自己学习不好，至少目前是这样，但却不敢面对，而采取了抄袭的方式欺瞒家长；同时又不敢与父母沟通，导致父母花了冤枉钱。当然，他可能是由于担心父母对自己失望，担心同学、老师看不起他，但是，这样做的后果是什么呢？首先是成绩会越来越差，学习越来越费劲，以至于丧失对学习的兴趣。其次，他所担心的事情最后还是可能会发生，父母会对他感到失望，甚至是因为他的隐瞒行为而更加失望。

事实上，大家要理解，学习上的落后只是暂时的，只要我们能够主动寻求帮助，找到问题的症结所在，勤奋努力，提高学习成绩是迟早的事情，而且时间越早越好。那时，老师、父母都会为我们的进步感到高兴。最重要的是，我们获得了知识和学习能力。常常有同学问我，怎样才能拥有自信呢？在这里，我告诉大家，真正扎实的知识和能力就是我们自信的来源！

最后，根据上述分析，我们来做个总结，怎样走出家庭经济和学习的误区：

1. 调整我们对物质的需求度，不盲目攀比，学习合理消费，过一种有节制的健康生活。

2. 做一个记账本，学习管理自己的零花钱，选择适合自己的书籍和文具、衣服等，把钱用在该用的地方，培养自己的理财意识。

3. 脚踏实地地学习，要自己跟自己比。遇到不懂的问题要主动解决，必要的时候请求同学、老师或父母的帮助。我希望这位同学能真诚地与父母沟通，取得他们的谅解，并用实际行动来获得父母的支持，选择适合自己的补习班。

要想让自己未来的生活变得富足吗？那么就从现在做起，积累你的知识财富。我们现在没有工作，知识和学习能力就是我们作为学生的财富，一旦踏入工作岗位，它们就会转变成真正的物质财富。那么，你了解你拥有多少知识财富吗？想要知道吗？那就每天都问问自己，今天我收获了什么，这样你就会找到努力和奋斗的方向了。

第五章

学习心理

人的智力其实相差很小，成功与否的关键是一个人是否学会学习，是否具有良好的学习心理品质。我们的任务是帮助孩子拨开学习心理上的迷雾，为孩子提供愉快学习、自信学习的金钥匙。

第一讲　怎样轻松复习

很快又到了每学期的期末考试了，同学们在老师的带领下，正在努力地进行最后的复习。但有些同学在这个时候不知道怎么去复习，所以他们给陶老师写信，希望陶老师在广播里跟大家说说复习的方法，怎样才能在复习阶段不慌张，怎样复习才能让自己在期末考试中取得理想的成绩。所以我们今天午会的主题是：怎样轻松复习。

首先想和同学们分享两封来信，一封是来自我们学校四年级的同学，信中是这样写的：

陶老师，我有一个烦恼，就是考试。有一次考试，因为太紧张了，写字写不好，遇到难题也不知道怎么做，糊里糊涂地就把试卷交上去了。那次考试考得很差，才80分，回家还被爸爸妈妈批评了一顿，我很伤心。所以我非常讨厌考试，只要一考试就非常紧张。期末考试马上就要到了，我该怎么办呢？

这封信谈的是面对考试的烦恼，来信中的同学因为一次考试失利而在心里留下了阴影，害怕考试。

另外一封信则是来自刚从我校毕业的一位学生，信中是这样写的：

我今年刚上初一，一下子多了这么多门课，期中考试就考得浑浑噩噩的。眼看期末就快到了，需要复习的东西太多了，心里紧张得很，有点束手无策的感觉，不知道该怎么去应对这场期末大考。陶老师，您有什么好办法吗？

这封信谈的是复习的烦恼，这位同学因为初中课程增加，而且期中考试失利，所以对期末复习不知所措。这两封来信都有一个共同点，同学们，你们发现了吗？那就是写这两封信的同学之前都有过考试失利的经历而导致对自己信心不足，从而产生紧张和害怕的心理。

除了这个共同点，大家有没有从这两封来信中看到差异呢？那就是初中的课程比小学的多，需要复习的内容很多，没有科学的复习方法和技巧，就会让你今后的学习困难重重。

最后我们把这两封信联系起来，想一想，这两封信向我们传达了什么信息呢？那就是我们要注意复习的方法和技巧。越是复杂、棘手的事情，就越需要方法和技巧。因为好的方法和技巧能让我们的学习事倍功半。今天陶老师就给大家介绍三种复习的方法：

1. 大同步小自由。

它的意思是，在大的方面和总的方向上，我们要紧跟着老师的步伐和指导来做。因为老师比我们更清楚考试的各种题型，哪些内容、哪些题型是经常要考的，哪些是基础知识，以及哪些知识点是需要特别注意的，这些，老师都比我们有经验。所以，一定要比以前更加重视老师在复习期间所讲解的内容，完成老师所要求完成的各项练习，而不要再额外做大量的练习，否则既费力，又没有效率。

不过除了紧跟老师的复习进度之外，我们还要兼顾自己的薄弱环节，做好查漏补缺的工作。也就是说，要根据自己学习中存在的问题，例如，对平时做作业容易出错的、考试中容易丢分的知识点，进行重点复习，有必要时还要进行大量练习。这就叫作小自由。

总而言之，大的方向跟着老师的指导，小的方面自查遗漏和不足，大同步和小自由相结合，一定能够复习得有成效，考试当然也是胸有成竹的事情了。

2. 有计划有效率。

复习要有计划有效率，也就是说要安排好复习的时间，善于利用时间，在规定的时间做规定的事情。这主要是针对第一点的"小自由"来说的。

在复习期间，一定要利用和把握好每一分钟，尤其是课外的时间，因为这是自己针对弱项进行强化训练的时间。如果利用好，那一定能够取得意想不到的效果。怎么做计划呢？首先想想自己最薄弱的环节是什么，准备花多长的时间来复习，然后把它写在一张纸上，最后严格按计划执行。举个例子来说，如果乘法运算不熟练，就可以做完作业后用15分钟进行强化练习，时间是周一和周三的晚上；如果容易写错别字，就安排完成作业后的10分钟进行强化练习，安排在周二和周四晚上，练习容易写错的字。一个好的计划能够让事情变得有条不紊，提高效率。

3. 旧试卷，强记忆。

日本的一位教授在他的一本《优秀儿童的黄金时间表》中说，学习好的孩子的学习方法有一个特点，就是将一本练习册反复做很多遍，而不是做很多本练习册。为什么他们会这么做呢？因为第一次做练习册时，只能记住跟自己以前学到的知识有关联的地方。第二次做

的时候，自然会发现有很多没记住的地方。这样，一点一点能够留在记忆里的东西会越来越多。养成这种连锁记忆的方法，你的记忆能力就会越来越强。反复做旧试卷也能达到同样的效果。

当然，陶老师觉得这种方法还有一个特别好的效果就是增强了我们的自信心。因为第二次做练习册肯定会比第一次做练习册的正确率高，而且会越来越熟练，自信心也会越来越强。所以，在复习阶段，大家一定要重视做过的试卷和基础练习册，抽时间再来做一做，你一定会有意想不到的收获！

大同步小自由、有计划有效率、旧试卷强记忆，这三个法宝你记住了吗？

我相信，有了这三个法宝，并且坚持练习，它们就会逐渐地变成你的学习习惯。在复习中提升自己，在复习中感受学习的成果和快乐，同学们，希望你们通过自己的努力，完成复习阶段的各项任务，在考试中取得理想的成绩！

第二讲　我得了音符恐惧症

这段时间，无论是在心语聊天室的谈话中，还是同学们的来信中，都集中地反映了这样一个问题：不想上兴趣班了，但又不得不去学，该怎么办？其中有位同学的来信中是这样说的：

陶老师您好。我是一个男孩子，从小妈妈就让我学钢琴。刚开始时，我觉得学钢琴非常有趣，但是，现在我对钢琴没有了兴趣，我一看到音符就觉得很害怕，就像患上了"音符恐惧症"一样。曾经，我对妈妈说过，我不喜欢、也不想学钢琴了，但是，妈妈三番五次地拒绝了我这个提议，我非常地失望……

每次看到妈妈为我付钢琴学费，我就很伤心，虽然我们家有这种条件。我觉得自己很愧对父母，爸爸每天起早贪黑地上班，非常辛苦，而我却没认真地学钢琴。可是，我真的不是学钢琴的料呀，我实在是不喜欢钢琴啊。现在的我真是左右为难，我该怎么办呢？

在信的最后，他要求陶老师一定要公布这封信，因为他周围就有很多遇到过类似问题的同学。

同学们，你们是否也遇到过类似的问题呢？其实，这样的现象在我们校园、在整个社会都普遍存在。五六岁时的我们，对键盘乐器叮叮当当的声音充满了兴趣，充满了向往之情，很多同学因此走进了音乐的殿堂。但是，渐渐地我们意识到，学钢琴不仅仅是敲敲打打那么简单，它给我们带来快乐的同时，也带来了痛苦。我们开始讨厌钢琴，讨厌音符，甚至到了"音符恐惧症"的程度。我们的生活为此而失去了欢笑。音乐，多么让人向往，却又给我们带来多少的烦恼和负担！

同学们，当你们面临这样的情况时，是怎么做的呢？我们还是先回到这封信提出来的问题上吧。

首先，这位同学在信中说："我真的不是学钢琴的料呀。"这是真的吗？陶老师认为，下这样的结论还太早。更重要的是，只要我们的手没有生理缺陷，智力发展正常，那么，都有学琴的条件。这就好比跑步，一般人能不能去跑步？当然能。与有运动天赋的人相比，

只是目的不一样罢了。有运动天赋的人，练习跑步的目的是比赛，是出成绩；而没有运动天赋的人，跑步是为了锻炼身体，并且在锻炼身体的过程中培养基本的运动能力和毅力。因此，每个人都符合学琴的条件。而那些从小就开始练琴的同学，比别人对音乐有更好的领悟能力。

其次，这位同学说，自己得了"音符恐惧症"，这的确是一个值得我们思考的问题。为什么一个人会从原来热爱音乐，发展成对音符的害怕和恐惧呢？原来，当我们学习乐器到了一定程度后，难度就会加大。例如，学钢琴，需要我们在十分有限的时间内快速识别音符，分辨音高，考验我们听觉分辨能力、记忆能力、速度的知觉和视觉运动的反应能力等，尤其是对音乐的记忆能力。在这个时候，我们不容易取得进步，会停留在某一个阶段，无法突破，并且容易重复犯错误，甚至可能会出现倒退的现象。这是我们学习过程中不可避免的一种自然现象，在学习乐器时尤其突出，心理学上把它称为学习的"高原期"。这就好比树木到了冬天，在寒风暴雪中，它的叶子会往下掉，只剩下光秃秃的树枝，可是，它仍然有生命力，可以感受春天的来临，它在等待着适合它再次生长的季节。春天来了，它又能萌发出新的绿芽。

是的，树木度过严冬是不容易的，而我们克服学习的"高原期"也是不容易的。因为困难不仅仅来自学习本身，也来自其他同学的嘲笑、老师的批评，以及父母因为着急而不停地唠叨、加压等。但是，当我们突破"高原期"，就会发现自己又有了很大的提高，进步带来的巨大的快乐远远大于我们当初简单的敲敲打打所得到的快乐！

因此，面对处于"高原期"的同学，陶老师要对你们表示祝贺。

因为你们已经跨越了学习乐器的最初阶段，进入学习的新阶段。这难道不是一件好事吗？难道不值得高兴和祝贺吗？

我们应该怎样克服目前面临的这种困难呢？陶老师有几点建议，供大家参考：

第一，认清自己所处的阶段，耐心等待。不要因为自己处在"高原期"而着急，既要始终相信自己能突破这个难关，还要积累一些相关的知识，积淀自己对音乐的感觉，拓宽音乐练习的曲目，阅读一些关于音乐及音乐家的故事等，从广度上进行积累。与此同时，继续加强基本功和基本技巧的练习。要相信，我们明天一定能走得更远。

第二，让音乐走进我们的生活，从而激发我们对钢琴、音乐的兴趣。如果说在最初的学习阶段，我们对钢琴的兴趣纯粹是自发的话，那么，处在"高原期"的时候，这点自发的兴趣就不够用了，我们还必须培养自己对钢琴的兴趣。培养兴趣的关键在于认识音乐的乐趣，体验音乐给自己和别人带来的好处。例如，在班上用歌声或者琴声为同学们助兴，还可以建议家人在周末开一个音乐会，让父母也参与进来；或者平时看到父母很累，主动为他们献上一首歌曲；还可以参加一些音乐会，感受音乐的魅力。总之，不能仅仅让音乐为考级服务，而要为我们的生活增添情调和趣味，提供快乐。

第三，认识音乐的重要性，从而激发对音乐的兴趣，以及增强我们学习的意志力。很多艺术学科，都是可以开发智力的，其中音乐是最典型的。我们能够通过音乐来开发右脑，进而开发我们的智力。这方面的经验，以德国为典型。

德国人口很少，但获得诺贝尔奖的人数却很多。在德国，音乐是人们生活的重要部分，不管男女老少，每个人都喜爱音乐，而且，许

多人都会乐器，不会乐器者被看作是落伍的人。

另外，有许多科学家都拥有音乐这把钥匙。爱因斯坦就是小提琴手，李四光会作曲，钱学森在音乐、绘画等方面都有较高的造诣。

第四，要多与家人交流感受，取得他们的理解。让父母认识到我们正处在学习的"高原期"，不要操之过急，要允许我们放慢脚步，甚至停练一段时间，允许我们弹奏一些老师和家长规定以外的、自己喜欢的歌曲，让自己再积累一些阅历，酝酿一些对音乐的感觉，同时把基本功练得再扎实一些。

英国诗人珀西·比希·雪莱说得好："冬天到了，春天还会远吗？"是啊，只要我们能够调整好自己的心态，让音乐真正走入我们的生活，认识到音乐的重要性，并加强与家人的沟通交流，做好一切准备，那么，春天来到时，也就是我们重新发芽的季节！

第三讲　如何面对学习中的压力与挫折

今天，我们午会的主题是：如何面对学习中的压力与挫折。

学习，一个让我们熟悉得不能再熟悉的词语，它是同学之间、师生之间、父母和孩子之间，聊得最多的一个话题。有调查发现，学习成绩的好坏与学生的幸福感程度成正比。这足以让人们看到，理想的学习成绩对学生的影响有多大。在今天的午会中，我们要读的就是这样一封关于学习的来信。

啊，我再也受不了啦！学校布置的作业常常很多，我指的是语文和英语作业。而且我回家后还要昏天黑地地做妈妈给我布置的作业！他们以为这样做就能让我有一个好成绩。可是，这次我才考了70多分！哎，做了这么多，等于零，等于零啊！而且，我在学校被老师骂了一通，在家里又被妈妈骂了一通。啊，我快要疯掉了，陶老师，你说我该怎么办呢？

看了这封信，陶老师不禁在想，这样的情况仅仅存在于这位同学身上吗？不，不是的，我们周围还有许多同学，甚至我们的老师、父母，也有过类似的经历：我们做了许多努力，到头来却仍然不得不遭遇挫折，接受那令人难以接受的失败结果。在那一瞬间，我们似乎看到了所有的汗水都付之东流，难怪这位同学发出感叹："哎，做了这么多，等于零，等于零啊！"同学们，这重复着的两个"等于零"，多么像两个大大的感叹号，它让我们不得不一起去思考这种现象背后的原因。是的，为什么经历风雨，却仍然不能见到彩虹？

同学们，让我们随着悠扬的音乐，再回过头来分析这封信提出的两个问题吧。

第一个问题：我们应该怎样看待作业带来的压力呢？来信中说，"学校布置的作业常常很多，而且回家以后还要昏天黑地地做妈妈给我布置的作业！他们以为这样做就能让我有一个好的成绩"。从这句话看来，这位同学看到了老师和父母对自己的期望——学习成绩好。那么，陶老师想问大家的是，抛开父母的期望，你们的内心对自己的学习是否有一种期待呢？期待有新的发现，期待有好的成绩？当你发现一种新的计算方法，获得一种新的知识时，难道这不让你感到兴奋吗？当你看到自己的作业本上那些大大的红钩，发现自己在写文章

时，能引用曾经背诵过的一段优美句子时，你难道不为自己感到骄傲吗？当你能够通过书本与有思想的人进行心灵交流时，你难道不觉得这是一种幸福吗？当你想到凭借自己的努力，能成为社会上受人尊敬的优秀人才时，你难道不会对学习充满期待吗？

其实，学习是多么快乐而让人充满期待啊！但是，与此同时，我们又不得不承认，学习有时也是枯燥的。为了巩固新的知识，我们要反复做一些必要的练习，也就是作业。例如，背诵文章段落、背诵新学的英语单词、课后做数学练习题等。我们还要检测有哪些知识已经掌握，哪些知识还没有掌握，所以，我们在学习一段时间后要考试。即使别人不考自己，自己也应该主动地考考自己。因此，把作业当作自己的事情，为自己学习，为寻找和体验学习中的乐趣而练习。这样，我们就能够从容地面对作业的压力和学习的压力。当然，如果全班有超过半数的同学在面对作业时都有超负荷的感受，那么，可能的情况是，老师确实布置了过量的作业。这时，我们可以用适当的方式向老师反映。

现在我们来看看信中所提到的第二个问题——怎样看待失败。给陶老师来信的这位同学说："这次我才考了70多分！哎，做了这么多，等于零，等于零啊！"同学们，你认为他最后的这句话说得对吗？做了这么多事情难道真的等于零吗？不，陶老师并不那样认为。其实，这仅仅是伤心的情绪使我们的认识发生了偏差而已，让我们很容易就因为一次的失败，否认了自己所有的努力，从而打击自己的自信心。事实上，学习是一个不断积累的过程，我们每一次的用心、每一分努力都是会沉淀下来的，成为我们知识宝库中的一个部分。这一次的挫折，只能说明有些知识点没有掌握好而已。这可能是由于学习时间过长，没有做到劳逸结合，考试时精神状态不佳，而使得原来掌握的知识也记不起来了。还有一种可能是，虽然很努力，考试状态也不错，但是成绩还是不理想。这个时候，我们不妨问问自己，是不是我们的学习方法出问题了呢？许多同学平时学习确实很用功，但成绩却不太理想，也是学习方法不恰当而导致的。事实上，正确的方法能让我们的学习起到事半功倍的效果。

因此，针对上述的分析，我们可以总结出几个有用的办法来：

第一，面对作业和学习压力，把"要我学"变成"我要学"，积极参与学习，体验学习的乐趣。同学们不妨用一个本子把学习带给你的乐趣记下来，从中感受学习与个人成长的密切联系。另外，陶老师还有一个小小的窍门，那就是每天早晨起床时，不妨对自己说一遍"我要学"，并对镜子中的自己微笑。坚持一段时间过后，你会发现你对学习的兴趣已经在慢慢地提高。

第二，面对学习中的挫折时，要冷静地分析问题，找出真正的原因，尤其要考虑到学习方法是否恰当，从而把经历挫折当作自己进步的一个机会。当然，别忘了在学习之余与同学们交流，缓解自己的心理压力；还可以向老师请教有效的学习方法。

第三，面对父母给我们的压力，我们需要和父母多沟通。例如，我们可以向父母提出自己遇到的困难，向他们请教学习上的方法，请教父母关于学习和休息的时间安排问题。这样，一方面加强了我们与父母的沟通，有利于消除彼此的误会；另一方面，无形中让父母也意识到自己的做法可能存在不足。

第四，还可以让你们的父母给陶老师打电话。这学期以来，陶老师已经接到过不少家长的来电。这是一些同学给自己的家长提出的建

议，他们希望父母能与陶老师谈一谈自己。在这些电话中，陶老师能感觉到，家长其实也是很着急的，他们真的希望能找到与孩子共同面对成长、面对压力、迎接未来的办法。在此，陶老师把电话公布给大家。不清楚的同学可以到心语聊天室来看一看，问一问。

把学习当作自己的事情，主动寻找学习的乐趣，找到合适自己的学习办法，并学会与父母沟通。这一次的挫败，必然会成为下一次进步的契机。这样，在经历过风雨之后，我们必定迎来美丽的彩虹。同学们，你们说对吗？

第四讲　怎样告别马虎

现阶段每个同学都在进行着紧张而有序的复习工作。考试，是我们检验学习效果的手段。在每次考试过后，当同学们拿到成绩单时，真可谓是"几家欢喜几家愁"。欢喜的是那些考得好的同学，自己的努力得到了证明，怎么能不高兴呢？愁的是那些考试成绩不够理想的同学，尤其是考试失误的同学。粗心大意是同学们在考试中经常丢分的原因。因此，我们今天午会的主题是：怎样告别马虎。

有一个同学在来信中是这样讲的：

陶老师，您好。我以前给您写过信，这次我又给您写信了，是因为这样一件事情。我有一个马虎的习惯，所以几乎每次考试都只能得99分、98分或者95分。其实那些题我平时也会做，妈妈在每次拿到我作业时，都会说一句话："真是小马虎。"陶老师，您说我该怎么办呢？

　　同学们，你们认为他是不是一个小马虎呢？在学习中你们是不是也像他一样，由于马虎经常出错呢？例如，少写一个字母，多写了一撇，该进位的却没有进位，等等。我们很多同学在总结自己某一次考试成绩不理想时，都会说："哎，我真是太马虎了。"其实呀，对于这么多人都把罪名加在它身上，"马虎同学"也觉得很冤枉，它想要为自己"平反"。因为它的真名并不叫马虎。那么，它原来叫什么名字呢？同学们，你们想不想知道呢？为此，我们来分析一下出现马虎的根本原因是什么。

　　首先，出现马虎的错误意味着我们的熟练程度不够。陶老师给大家提两个很简单的问题，放学的时候，学校门口有很多家长，你会找错你的爸爸妈妈或者爷爷奶奶、外公外婆吗？在学习或者生活中，"1+1"这样的算术题你会算错吗？当然不。为什么？可能有同学会马上说："因为这题目太简单了。"但是，是因为题目简单呢，还是因为我们已经练习过千遍万遍了？题目本身是容易还是难，在很多时候，是相对于我们的熟练程度而言的，当我们足够熟练的时候，我们是很少犯错误的。

　　考试不仅考的是知识，而且考的是我们做题的熟练度和大脑工作的耐力。尽管你掌握了该知识点，但如果你平时做题不熟练的话，那么，你在考试中做一道题的时间会比其他同学长，大脑思考的过程也更长。这样，在考试中，你的大脑就比其他同学更容易产生疲劳，导致一些简单问题也会出现错误，也就是俗称的"马虎"。因此，究其根本原因，还是由于平时操练不够，不熟练的缘故。由此可见，马虎

的第一个名字叫作"不熟练"。

其次，马虎还因为我们没有真正地掌握知识。有些同学说："我明明会了呀。老师讲的我也听懂了。"但陶老师要说的是，即使是这样，你可能还是没有真正掌握。从心理学的角度看，在学习中，听讲属于听觉记忆，看、读属于视觉记忆，做作业则属于一种运动记忆。这三种记忆方式中，运动记忆的效果最好，其次是视觉记忆，再次是听觉记忆。人们常说，"眼过三遍，不如手过一遍"，就是这个道理。

同学们都会有一些这样的经历，你们听过的课、读过的书、背过的诗，相隔时间长了就很容易忘记，而曾经学会骑自行车、学会画画、学会某种乐器的同学，很少有人会因为时间隔得过久而把骑车、画画、玩乐器的本领遗忘。可见，运动记忆是形成运动性熟练技巧的基础，它的优势是"一旦掌握，终身受益"。那么，我们做作业其实就是在利用运动记忆的这种优势来提高我们的思维能力，从而造就一个聪明的大脑。尽管它的速度要慢一点，用时多一些，但是记忆的效果却非常好。因此，千万不要小看了作业。当你觉得自己听懂了的时候，要知道，你还没有把这些转化为自己内在的东西，因此还不叫真正的掌握。听过、看过、读过，并且写过、练习过、运用过，这个时候你才是真正掌握了知识。考试中，马虎就是在这种似懂非懂的情况下造成的。因此，在这个意义上，我们就知道了马虎的另一个名字，叫作"假懂"。

现在再回过头来看看这封信，我们就知道它的原因有两个：不够熟练和没有真正弄懂。考试其实是一个特殊的检验方式，它要求我们在一定的时间内做完一定量的题目，需要我们大脑精确而快速地运转。同时，它又被人们赋予了一定的意义和重要性，让人或多或少都有些紧张，而平时做题是处在一个非常宽松的时间和空间环境下的，因此，平时慢吞吞做题、没有真正掌握或熟练运用知识的同学，到了考场这样的环境中，就会处处显示出"马虎"这样的漏洞和弊病来。

同学们，知识是来不得半点虚假的。工作和学习认真的人，从来不以马虎作为自己失败的借口。当我们把成绩不理想的原因归结为马虎的时候，其实这仅仅是一种表面的原因。真正的、深层次的原因，是我们仍然满足于一知半解的学习态度和学习习惯，不愿意吃苦，满足于表面的理解。因此，要真正地告别粗心，我们要做到：

第一，不再以马虎作为成绩不理想的理由，而要寻找深层次的原因。总是拿马虎来当借口的人，下次还是会因为"马虎"而再做错题的。

第二，把复习和作业看作是自己的需要，把它当作锻炼思维、使自己变得聪明的途径，踏踏实实地对知识点进行总结和梳理。

第三，无论是平时的作业还是考试，都要养成自我纠错的好习惯。特别是平时的作业，有些同学在做作业时，希望尽快做完交差了事，根本没想到还需要检查。因为他把检查工作全部留给家长和老师了。别人查出错误，自己才勉勉强强地改，从不主动发现错误。同学们，当你把检查工作交给别人时，那么留给自己的永远是粗心，与成功永远是隔岸相望。

第四，在生活中改掉马虎的毛病，养成认真细致的习惯。你在生活中马虎，总是丢三落四，那么，在考试中就很难做到认真。我们可以从最小的事情做起。例如，上学之前检查一下上课要用的书本有没有带齐，红领巾是否已经戴好，考试之前检查一下考试要用的纸、

笔是否已经准备好等，都是非常好的习惯。如果你能坚持每天做到这些，马虎的毛病将会离你而去。

毛泽东曾经说过，世界上怕就怕"认真"二字。我们可以说，马虎怕就怕"认真"二字。所以，总是为马虎而烦恼的同学，让我们都行动起来，拿出认真的态度来，让马虎成为历史。最后，我在这里祝福那些认真、努力的同学，在学期末的考试中，进步多多，收获多多。

第五讲　我总是不敢举手，怎么办

送走了去年的冬天，我们又迎来了新年的春天。每年这个时候，我们都会拥抱温暖的春天，但是，我们每年的心情是否还会一样呢？古代的诗人早就告诉我们，即使朝朝花相似，却是岁岁人不同。我们在成长，一天比一天懂事，一天比一天能干。与此同时，我们内心的烦恼也可能一天比一天多，一天天地在变化着。但是，这又有什么关系呢？孩子们，生命的历程就是这样。我们要一步一个脚印地走，不要过于急着长大，也不要眷恋着眼前的舒适，而要真实、勇敢地面对自己内心所提出来的种种问题，并学习一一解决它们的办法。

孩子们，正是因为你们真诚地提出了内心世界中的问题，提出了一些富有意义的问题，我们才能够在这个小小的广播室里相遇。而每次的这种相遇都是新的，我们会分享着新的心情和感受，会有着新的对话和交流，这难道不是一件让人幸福的事情吗？

那么，今天我们要一起分享的是什么呢？

首先，我要给大家带来三封来自不同年级的同学的来信：

陶老师，我有一个烦恼，就是我上课总是举不了手，就算是自己知道的问题也不行。想举手，手却不听使唤，我想为自己的"文明大富翁"争颗星也不行。我该怎么办？

陶老师，我这个问题太严重了，我上课发言不积极，在我一、二、三年级时还是喜欢发言的，越到后面越讨厌发言了，也不知道是什么原因。

陶老师，我不敢举手，所以我的思维不再有往日那么灵活了，大概是因为我怕说错了大家笑我。我不想一直坐着不动，可是没办法，心中有一个叫"胆怯"的东西阻止了我。我该怎么办呢？

同学们，听了这些来信，你们是不是都猜到了今天午会的内容了？对，那就是：我总是不敢举手，怎么办？

同学们，当你们听了这些来信，是否和陶老师一样，内心在暗暗地为他们着急呢？举手，这是我们任何一个同学都能做的简单动作。可是，就是这样简单的动作居然耗费了一些同学如此大的精力，让这些同学如此烦恼。其实，这样的烦恼很多人都会遇到，不仅仅是你们，连成人也会经常遇到这样的问题。那么，让我们共同来面对这个学习生活中的障碍吧。

其实，很多同学都已经总结出了其中的一个原因，那就是"胆怯"。不过，今天咱们先不讲胆怯，而要专门讲讲积极发言有哪些好处。是给老师留下深刻印象？还是让自己更积极地参与课堂互动？总的来说，它的好处可以体现在两个大的方面。第一个方面就是能帮助

我们学习和思考。

　　首先，它可以让我们学会用语言表达自己的想法。有时，我们心里有话，却很难讲出来。如果不经常锻炼口头表达能力，我们的思想和感觉就永远处于一种混沌的状态，写作文时也只能啰里啰唆一大堆，却词不达意。然而，站起来讲与自己坐在座位上糊里糊涂地想，却是大不一样的。它不仅帮你理清了思路，也迫使你渐渐学会用简练的言语表述。这对你的口才，以及今后的答题都是一种锻炼。

　　其次，发言的过程有助于我们记忆。这又是怎么回事呢？因为你动了脑筋，举了手，发了言，也许说错了，引得大家笑；也许讲得好，被老师肯定；也许与大家观点不一，引起“学术争论”……这一切的课堂活动，都是你的“助记素”，也就是帮助你记忆的线索。它们使你很自然地就把那些要理解、要掌握的东西刻在脑里，记在心上。到复习时，只需一看书，所有的记忆，包括当时的活动场景，便会自己“跳”出来。无须死记硬背，便接通了大脑“电路”，这难道不是一件轻松而愉快的事情吗？

　　最后，它还能促进我们积极思考。举过手，发过言，还有重要的一环，那就是“听”，当你发言完，一般情况下，老师会针对你的回答进行评价和补充，或者会另请几个同学回答。这个时候，你就该竖起耳朵，仔细听一听老师怎么说，别的同学怎样理解，边听边比较，他们的说法与自己的有什么不同、自己漏了什么、哪里说得不够准确……这样边比较，边总结，对课文自然就加深了理解，同时也训练了思维。

　　同学们，你们看，积极举手发言，对课堂学习效率的提高有着多么重要的作用呀。难怪人们把它看作一种良好的学习习惯。此外，积极发言不仅能给老师留下良好的深刻印象，还可让老师了解大家的知识掌握水平，以便能够及时调整自己的教学方法步骤。如果大家都不发言，或者只有优秀的同学发言，老师还误以为大家都懂了，就会继续按照这样的进度上课。这样，我们大多数同学岂不是学得越来越吃力，对学习越来越不感兴趣了吗？所以啊，无论是为自己，还是为班级的教学，积极举手发言都是非常重要的。

积极发言的第二大好处是什么呢？

其实，上课积极发言还体现了我们生命中最重要的品质，也就是勇敢、求真！我们学校校训的第一个词就是"求真"！把它放在第一位，是因为它是最重要，却又是最难做到的。其实，在我们的学习生活中，大部分的同学都希望自己能举手发言，但是真正能做到的却是少数。有同学怕自己讲错了，其他同学笑话自己；还有同学怕别人说自己"假积极"。归根到底，最主要的还是少了一分勇气。同学们，你们知道吗，人与人之间的差别，开始的时候并不大，唯一的差别可能就是那一分勇气，做那些想去做，并值得自己去做的事情的勇气。说到此，也许又有人会说："勇气？我尝试过培养，但是却总达不到目的。"其实，勇气是一个抽象的东西，要想获得它，只有靠我们努力去锻炼。那么，该怎样锻炼呢？在这里，陶老师有六点建议，大家可要听好了哦：

第一，表达前，对相关知识或者答案进行必要的归纳和整理。如果你对内容还不是很熟悉，在你表达之前，最好是先把答案简要地写下来。

第二，多运用"举手法则"。当有机会发言的时候，无论你是否已经准备好，都可以先举手。不要理会自己的发言有多么糟糕，不用

理会糟糕的发言可能会令你有多么尴尬。行为科学认为，坚持某一种行为21天便能养成一种习惯。给自己制订一个21天的执行计划，一定要坚持下来。

第三，正确看待其他同学的评价。大部分的同学都能理解你的勇敢和率真。

第四，学会讲故事是另一个简单而实用的方法。

第五，如果还想做得更出色，你可以在课外时间里去接受专业一点的训练。

第六，模仿是学习最快的方式之一。找几位你比较欣赏的专业演讲家的录音、录像，反复模仿。模仿他们演讲时的语调、语气、语速、肢体语言、目光等，直到非常相似。这样，你的语感就会逐渐培养出来。

同学们，收获总是属于有心之人。希望我们的同学能够认识到积极举手发言的重要性，并能通过各种方法，锻炼自己的表达能力和勇气，从平凡的课堂学习中，获得不平凡的学习体验。

第六讲 课外书的烦恼

明天就是我们每位同学的节日——"六一"儿童节了。陶老师知道，不少同学早早就盼着这一天了。这一天，有的同学要和爸爸妈妈到公园去玩；还有一些同学计划到书店买几本自己喜欢的课外书。说到课外书，陶老师很想问问在座的各位同学，在课外书这个问题上，你们有烦恼吗？之所以这么问，是因为陶老师前段时间收到了一封关于课外书问题的来信。这位写信的同学以一种非常肯定的口吻说："我们学校有很多像我这样烦恼的学生，所以请陶老师一定要公开。"那么，他信中所提到的人人都有的烦恼究竟是什么呢？让我们一起走进今天的心理午会主题：课外书的烦恼。

来信是这样写的：

陶老师，您好。我真搞不懂，为什么父母每天都在我耳边说："学习，学习。"连一点课外时间都不给我。这不，我原来买了几本小说来看，妈妈却说这对我的学习一点好处也没有。说完，还没等我同意，就把我的这几本小说没收了。

我只不过是买来看着玩儿的，而且我看了以后阅读水平还提高了。陶老师，您说说我应不应该把我的小说要回来呢？

同学们，这样的现象，在你们身上是否曾经发生过或者正在发生呢？其实，我们这位同学还真说对了，这样的现象很普遍，在陶老师上小学的时候，也发生过老师没收我的课外书的事情呢。看来呀，尽管时代在变迁，但每个人成长过程中所经历的事却有着惊人的相似。所以，当我收到这封信时，就想着要寻找机会和同学们谈谈关于课外书的问题。今天，让我们一起来谈谈课外书的利与弊吧。

读课外书的好处是不用怀疑的，我们能从书中获得许多知识，提高阅读水平、增加词汇量、开阔眼界，能跨越时间和空间的界限，对从古代到现代，从国内到国外，从科学知识到文学作品，都有所了解。读课外书是我们与世界沟通的桥梁，拓宽了我们的视野，是我们感到快乐的源泉。读课外书还有一个很大的好处，就是让我们进行自

我教育，培养自主学习的习惯。难怪有人说，一个孩子，如果他养成了阅读的习惯，就意味着他已经在心里装了一台成长的发动机。读课外书让我们体验到的是自我成长的喜悦，而这就是吸引着你、吸引着我喜欢看课外书的原因。

当然，课外书也有一些弊端。记得上小学的时候，我曾经有一段时间特别想看书，所以，身边有什么书都拿来看。这让我自己染上了一个坏毛病，看书时囫囵吞枣，每本书匆匆看完就随手放到一边，然后又抓起其他的书来看。就像我们这位同学来信中所写的那样，是看着玩儿的。结果呢，真正留在心里的东西却不多，时间和效益不成正比，浪费了时间。同时，由于自己事先没有对书进行筛选，使得自己读的书的品种比较杂乱，也比较肤浅，停留于表面。上了大学以后，才看到和别人的差距，觉得大有纠正的必要，后来花了许多时间，才渐渐地改正了阅读的习惯和品位。因此，陶老师想要告诉大家的是，在爱书的同时，要尽量避免课外书所带来的负面影响，要对书进行慎重筛选，要意识到是在培养自己一生的阅读习惯和阅读品位。同学们，你们知道吗，小学阶段是我们每个人培养阅读品位和阅读习惯的关键时期，如果你在这个时期培养了良好的阅读习惯，将使你的学习事半功倍。

我想，正是由于阅读课外书有利也有弊，家长或者老师们的内心也是矛盾的，不知道该不该放手。一方面，家长和老师，需要去理解我们所读的课外书，去调整他们的心态；另一方面，也需要每一位同学自己去平衡课外书的利弊，积极地让课外书成为学习上和生活上的好老师、好朋友，而不应该只把课外书当作一种简单的消遣，甚至任由课外书把自己变成不理智的人，任由课外书把自己放置在更多的冲突和矛盾当中。

现在的你，知道该怎样面对课外书了吗？

第一，爱书七分，仍需保持理智三分。书就像朋友，好书让你终身受益，坏书让你走入迷途。因此，要认真地选择你的课外书。教会你新的知识或者值得你再读第二遍的书，你才选择它。

第二，培养良好的阅读习惯。你们知道鲁迅先生小时候是怎样对待书的吗？幼年时期的他，在每次看书以前，总是先把手洗干净，然后捧书阅读，以免把书弄脏。看完书后把书精心地放在妈妈的红油漆箱里，不让弟弟碰一下……

第三，与父母分享你阅读的喜悦和收获。优秀的、高雅的东西，是可以与大家一起分享的，分享不仅仅是让自己和别人多了一分快乐，更重要的是你能够获得他们的理解，从而获得支持与赞许。如果你的某个行为得到了嘉奖，而父母又知道这是课外书的作用，那么，父母肯定会大力支持你阅读课外书的。

第四，让课外书的好处在你的行动中表现出来。好的课外书不仅能提高我们的阅读水平，还能够让我们学会怎样面对困难、面对他人，帮助我们树立正确的世界观和人生观。

最后，回到给我来信的这位同学提到的这个问题上，那就是"该不该向妈妈要回小说"，如果你已经做好了准备，能够平衡课外书的利与弊，那么，你可以选择说服妈妈把书要回来；如果你还没有准备好，那么，把它留在妈妈身边，给自己一个提醒，说不定会更有意义呢。同学们，你们觉得是不是这样呢？最终怎样，那就看你们啦。

我真心地希望每一位同学，能从今天的午会中得到一些启发，

这是我送给大家的节日礼物，并随着这个礼物向大家道声："节日快乐！"

第七讲　一到考试就紧张

老师们，同学们，大家下午好！

现在已经进入了紧张的复习阶段，很多同学都在有条不紊地进行复习。在这段时间，也有不少同学通过写信或者面谈的方式向陶老师求助。他们究竟遇到了什么样的难题？这样的困惑是否也发生在其他同学身上？让我们来看看这样一封来信：

亲爱的陶老师，您好！我有一个烦恼，就是考试。有一次考试，因为太紧张了，总是写不好字。自己也不知道该怎么办，结果糊里糊涂地就把试卷交上去了。过几天，老师把卷子发下来了，看到这次考试考得很差，才90分，心想着回家肯定要被家长批一顿。我很伤心。我非常讨厌考试，只要一考试就非常紧张。期末考试马上就要到了，我该怎么办呢？

每年的这个时候，我总会收到类似的信，这种现象说明我们一些同学在面对考试时心理压力过大，以至于一想到考试就紧张，也影响了自己的正常生活。我想，如果长此以往，进入一种恶性循环，那么就会导致这些同学对考试更加恐惧，逐渐地对学习失去信心，最后否定自己。因此，这类的问题不可谓不重要，应当引起我们每位同学和老师的重视。

接下来，让我们来分析一下，究竟大家对考试产生恐惧的原因是什么。

首先，恐惧来源于过大的外部压力，尤其是家长对学习成绩的期待和关注。我想，这也许是大多数同学害怕考试的一个重要原因。如果一个家长整天把学习和成绩挂在嘴边，无疑会给我们同学增添很大的心理负担。一方面，我们担心考不好，会让家长失望；另一方面，更担心家长因此而批评或者惩罚我们，让我们对自己的能力产生怀疑，进一步加剧了我们对学习的恐惧。因为考试总是和父母的批评导致不愉快的结果联系起来，所以我们就形成了一考试就紧张的条件反射。因此，有些同学害怕考试的到来，甚至一提到考试就紧张。

其次，恐惧也来源于我们平时没有做好相应的准备，对考试没有把握。我想问问大家，你们觉得，在面临一场正式演出时，哪些人会更加紧张？是平时训练有素的人，还是那些平时疏于练习、临时抱佛脚的人？我相信大家都能正确地回答，当然是后一种人。因为他们对自己是否能表现得好心里没有底。我们还可以再设想一下，如果演出时再出点什么小意外的话，那么整个演出也许就是一团糟。就像给我们来信的这位同学在信中说的那样，"我太紧张了，总是写不好字""结果糊里糊涂地就把试卷交上去"。这种过分紧张的背后反映出这位同学平时学习的状态还不够认真和严谨。

所以，紧张和害怕是内外两方面的原因共同导致的。这两方面的原因是相互联系的。越是过分在乎考试的成绩，过分担心它的结果，就越是忽视事情本身，结果就越是考不好。这种现象在心理学上叫作"瓦伦达效应"，瓦伦达是美国一个著名的高空走钢索的表演者，他

在一次重要的表演中，不幸失足身亡。事后，他的妻子说："我预感这一次要出事，因为他上场前总是不停地说，这次太重要了，不能失败，而以前每次成功的表演，他总想着走钢丝这件事本身，不会去管与表演无关的事。"后来，人们就把这种患得患失的心态，叫作"瓦伦达心态"。

要打破已经形成的这种心理，从考试的压力中解脱出来，还需要我们从内外两方面进行改善。以下是陶老师给大家的几点建议：

第一，学会沟通，逐步化解外部压力。一方面，我们可以通过多次沟通来化解外部压力，这种沟通可以是和父母的真诚沟通，也可以是和好朋友之间的沟通。学会与同伴分担烦恼，你的压力就减少了一半；另一方面，我们在日常生活中也要注意改善与父母交流的模式，也就是说除了学习，还应该有更多方面的交流，例如朋友、老师、兴趣爱好、对事情的看法等，这样做的目的是让父母发现自己的优点，避免他们以单一的学习成绩作为评价的标准。

第二，学会专注，只想着自己要做的事情。同学们，你们听说过篮球飞人迈克尔·乔丹吗？他是怎样带领他的团队获得一次又一次的成功的呢？他说，我从来不关心输掉一场比赛会有什么后果。为什么？因为当你顾及后果时，总是想到消极悲观的一面。其实畏惧有时来自于缺乏对事情本身的专注。他说，如果我站在罚球线上，脑中却想着有1 000万观众注视着我，我可能就会手足无措，所以我努力设想自己是在一个熟悉的地方，设想以前每次罚球都未曾失手。这次也会同样发挥我训练有素的水平。放松、投篮，出手之后一切就成定局，所以又何必顾虑重重。因此，不要东想西想，只需要想着你当前要做的事情。

第三，要注重平时每一次练习。俗话说，"不打无准备之仗"。在进行考试或演出等重大事情之前，我们总要反复地排练，这是为什么呢？是为了在正式演出或者考试时能够从容面对。所以，当你准备得越充分，你的压力就越小。这个准备就是我们平时的学习和练习。同学们可以通过以下几个问题来检测自己平时学习的态度：平时发现的错误，你是不是不需要提醒就能马上改正？是不是通过自己检查作业就能找到问题所在，而不需要老师或家长替你检查？平时做作业准确率高不高？如果回答是肯定的，那陶老师要祝贺你，你的学习态度非常端正，考试对你来说并不困难；但如果你的回答是否定的，那就说明知识掌握得还不够扎实，在考试时就容易紧张。还是那句话，你准备得越充分，面对考试的压力就越小。

第四，要有接受失败，不断尝试的勇气。给我们来信的这位同学有一次不太成功的考试经验，就让他对考试产生了恐惧。这说明我们有些同学还不能正确地面对失败，缺乏接受失败的勇气。事实上，既然考试是一次检验，那么也许就有可能不太尽如人意。这时，重要的是乐观积极地思考，从失败中寻找原因。有时候，失败能促使你向成功迈进一步，因为它向你暴露了你的不足。我们的成功是由一点一滴的进步积累而成的，而世界上的伟大发明都经历过成千上万次的失败才获得成功。因此，在面对失败时，不回避它，也不怨天尤人，而应总结经验，争取一下次的进步。

最后，你还可以使用深呼吸等方法让身体放松，从而心理上也得到放松。

现在，我们可以简单地来练习一下这种深呼吸的方法。闭上眼睛，用鼻子慢慢地吸气，尽量让腹部鼓起来。1—2—3—4，好，现在

用口慢慢地把气呼出来，不要太快了哦。1—2—3—4。好的，一个深呼吸的动作就完成了。我们再来练习一遍，闭上眼睛，用鼻子慢慢地吸气，让腹部鼓起来。1—2—3—4，好，现在用口慢慢地把气呼出来，1—2—3—4，第二个深呼吸就完成了。现在是不是感觉身体放松了一些，注意力更加集中了呢？这样的深呼吸可以反复做6~8次，能达到自我放松的效果。

希望大家能通过我们今天的午会，找到适合自己释放压力的办法，有效复习，在考试中发挥出自己的最佳水平！

第八讲　我为什么不能使用电脑

在日常生活中，电脑越来越成为我们不可缺少的工具之一。那么，大家在使用电脑的过程中，有没有产生过什么烦恼呢？我想，对我们同学来说，如果有烦恼的话，也许就是父母限制我们用电脑了。在这个问题上，我们该如何正确地看待呢？大家一起来听我读一封来自高年级同学的来信吧，信中是这样写的：

陶老师，我现在是6年级了。我知道，我也明白择校的重要性，可这和电脑有什么关系呢？从6年级一开始，妈妈就不准我用电脑。其实我只是想看那上面的动漫，我会好好学习的，我心里这样想。可妈妈就是不允许。我认为我能在动漫里学到许多知识。而且，是因为动漫里的人物给了我勇气，所以我才在课堂上有自信举手回答问题，才能给老师打电话，这一切改变，都是因为动漫。而妈妈现在却不准我上网了。我刚刚获得的自信被切断了……我给妈妈保证说不会影响学习，可她还是坚决说不行。我想尽一切办法，可都失败了……我还有一个办法，就是直接问妈妈，可是我很久没看动漫了，说不出口，因为没有勇气。唯一能给我勇气的只有动漫人物（虽然动漫不是真的）。陶老师请您帮帮我吧！我到底为什么不能上网呢？

我非常感谢这位同学的来信，他提到了一个与我们学习、生活密切相关的话题。确实，在对待电脑这个问题上，许多家长和孩子的想法都不能很好地达成一致。为什么家长要限制或者禁止孩子使用电脑？对此，每位家长的答案都是不同的，但是这些不同的答案背后存在着一些共同的原因。接下来，我们就从这位同学的来信出发，理解这个"不能"的背后所包含的意义。

首先，很多同学还没有树立起正确使用电脑的态度。自从电脑成为人类日常工具后，它确实给我们的生活带来了许多便利。但是，许多人（尤其是青少年学生）不能够正确地使用它，终日沉迷于网络，生活中青少年被网上信息误导甚至被骗等现象时有发生。这对我们同学的正常发展是非常不利的。那么，对我们小学生来说，电脑真正的价值和意义是什么呢？那就是它能够帮助我们在短时间内查找我们所需要的一些资料和信息。全球互联网使得我们在按下鼠标的瞬间就能查找到国内外大量的信息，因此它在某种程度上拓宽了我们的视野。电脑还可以让我们进行文字的编辑，进行图片的制作等，提高了我们学习、工作的效率。它还有娱乐功能，它所提供的某些游戏、电影或者动漫，能让我们的大脑在工作、学习之余得到一定的放松。但是，很可惜的是，我们不少同学把电脑的娱乐功能当作自己使用电脑的主

要目的，甚至是唯一目的。来信的这位同学说："我只想看那上面的动漫。"这种使用电脑的方式，无论是家长还是老师都会坚决反对。

其次，同学们还没有发展起足够的抵制诱惑的能力和辨别是非的能力。虽然电脑对我们的学习和成长有积极的作用，但是不能忽视的是，它也给我们带来许多负面的影响，这种负面影响无论对大人还是小孩都是存在的。事实上，我们可以把电脑和网络看作一本庞大的工具书，一本良莠不齐、各种好坏信息都混杂其中的工具书。它与我们日常所用的字典等工具书不一样。因为工具书是专供查找知识信息的文献，内容上广泛吸收已有的研究成果，所提供的知识、信息比较成熟可靠，是随时可拿来用和查的。但电脑就很不一样了。网络上各类信息、各种人群混杂其中，是信息、图片、观点和言论的大杂烩，甚至一些不法分子还利用它来传播一些不健康或非法的信息，以迷惑甚至是欺骗辨别能力不强的人。所以，没有足够的辨别力和自制力的人，最好不要涉足，以免误入歧途。而且，如果无目的地阅读一本大杂烩的书，就是在浪费时间。试问我们人生中能有多少个6年级？能有多少次小学学习生涯？

最后，对网络人物的模仿，不利于同学们性格和行为习惯的形成。为什么这么说？网络中不也有一些积极的人物形象吗？给我们来信的这位同学在信中提到的动漫人物，不也给了他勇气，让他有自信回答问题，让他有勇气给老师打电话吗？不可否认，确实会有这样的现象发生，但是这种影响力是非常有限的，是表面化的。因为动漫人物形象通常是过于理想化，它离我们的现实生活有很大的距离。而且，它对我们的影响更多的是视觉上的。因为这些动漫人物的画面通常很精美，常常给我们的视觉带来一种冲击和强烈刺激。但是心理学的研究结果表明，视觉记忆是非常短暂的，是不能持久的。一旦没有画面，那么这个形象的冲击力和影响力就会大大减弱，最后消失。这也就解释了为什么我们这位同学几天没有看到这个动漫人物，就失去了勇气。

而真正对我们的性格和习惯产生深远影响的，常常是那些富有生命力、有血有肉的人物形象。好的榜样可能来自我们身边，也可能来自好的书籍中塑造的人物形象。因为没有视觉冲击，反而使得我们能够静下心来，近距离地感受他们，揣摩、理解、品味这些人物的行为和性格，在生活中或在书中与他们进行心灵的交流。也正是在这个过程中，这些人物的勇敢、坚强、谦虚的优良品质才能滋润我们的心灵，给我们启发，激励着我们一次又一次地努力，一次又一次地克服难关。

所以，不要为没有电脑的日子而难过。电脑的发明也只是短短的几十年时间而已。在几千年的历史长河中，没有电脑，人们依然充满着勇气，充满着智慧，充满着激情。相反，这也许是一个契机，让我们重新认识自己，转变我们的生活方式和态度。当然，作为现代人，我们不可能不接触电脑。那么，作为小学生，我们该如何正确面对电脑呢？

1. 在大人的陪同和监督下，分年级不同程度地使用。1～2年级的同学不要使用电脑，3～4年级的同学可以在成人（如家长、老师）的陪同下学习电脑的简单操作。5～6年级的同学则在父母的监督下使用电脑，而且每次使用时间不要超过半小时，每周1～2次。特殊情况下家长有权增加或者取消电脑的使用时间。

2. 明确使用电脑的目的，端正态度。每次上网之前问问自己，

我今天使用电脑的目的是什么？学习还是娱乐？我是不是在发挥它的主要功能？同时要辨别和抵制其中的负面信息和内容。

3. 正确、客观地看待网络中的人物形象，不要进行盲目或简单地模仿，更不能把网络人物当成自己的精神寄托。

4. 扩大我们生活的范围，寻找机会锻炼自己。要把时间和精力更多地放在现实生活中，培养真正的自信和勇气。例如积极参加各类校园活动，学会从身边同学身上借鉴经验，学会交流，建立良好的人际关系。在日常生活的磨练中获得真正的成长。

这样，你就会发现，没有动漫人物，没有电脑，这个世界依然是那样的精彩！

第六章

生活心理

生活的万花筒能够照出我们的生活情趣以及生活态度。关注孩子的消费生活、休闲生活，对他们发展个性、提高学习效率等都具有有力的迁移作用。

第一讲　最好的礼物

这段时间以来，细心的老师和同学都会发现，我们的校园里多了一道风景，那就是同学们手上拿着各种各样的精美卡片和小小的礼品。陶老师曾经随机采访了一些同学，看看同学们究竟收到了多少礼物。有的同学说收到了7~8个同学的礼物，有的同学说收到了15个同学的礼物，还有同学说记不清楚收到多少礼物了。当然，也有同学说没有收到礼物。与此同时，陶老师问他们觉得收到什么样的礼物最高兴。同学们的答案是各式各样的：有的同学说是巧克力，有的同学说是精美的卡片，还有的说是收到了一幅同学自己画的画。

同学们，对你们来说，什么样的礼物才是最好的呢？你们有没有想过这个问题呢？

曾经有一位女同学因为父母工作调动，不得不转学到外地。在火车站月台上，同学们拉着她的手依依惜别。就在此时，她的好友走到她的面前，从书包里掏出一只水杯，拉着她的手，对她说："你看，杯子里装的是什么东西？"这个同学疑惑地说："什么都没有啊！""你看看，里面是不是装满了我们之间的友谊？"你们看，一只看似普通的水杯，经过赠送者在特定场所的巧妙诠释，就变得格外珍贵了。赠送礼品是感情交流的一种形式，因此当你送出礼物的时候，别忘了像我们刚才讲的这位朋友一样，送上你最想对他说的话。因为，你对他所说的那些祝福的话，往往比你送出的礼物珍贵多了。

我们内心对朋友的情谊和祝福，才是我们送出的最好的礼物。即使我们没有钱，仍可以给我们的朋友、我们的老师送上最好的礼物。这样的礼物是用钱也买不来的，是这个世界上最好的礼物。同学们，你们曾经收到过这样的礼物吗？你们曾经送出过这样的礼物吗？带着这两个问题，我们一起来听一听下面这个温馨的故事：

从前，有一个名叫保罗的男孩。有一年，他的哥哥送他一部新车作为圣诞节礼物。那天保罗从他的办公室走出来的时候，看到街上有一名男孩在他闪亮的新车旁走来走去，触摸它并露出羡慕的眼神。

保罗看着这个长得非常清秀的小男孩，小男孩抬起头来，问道："先生，这是你的车吗？""是啊！"保罗说，"这是我哥哥给我的圣诞节礼物。"

小男孩回答说："你的意思是说，这是你哥哥送给你的，而你不用花一毛钱？"

保罗点点头。小男孩说："哇！我希望……"

保罗认为他知道小男孩希望的是什么，他希望自己也能有一个那样的哥哥。但小男孩接下来说的话让保罗感到非常惊讶。

"我希望，"小男孩接着说，"我希望也能当一个那样的哥哥。"保罗深受感动地看着那个男孩，然后他问道："要不要坐我的新车去兜风？"小男孩惊喜万分地答应了。

逛了一会儿之后，小男孩向保罗说："先生能不能麻烦你把车开到我家前面？"

保罗微微一笑，因为他认为他知道小男孩为什么想把车开到他家的前面，他想让邻居看到他坐一辆大而漂亮的车子回家，但保罗这次又错了。

"能不能麻烦你停在那个台阶那里？"到了小男孩的住处后，小男孩三步并两步地跑上台阶，进入屋内。不一会儿他回来了，并带着他因小儿麻痹而跛脚的弟弟，他把弟弟安置在下面那层台阶上，然后紧紧靠着他坐下。

他指着那部车子说："看到了吗？小兄弟，就像我在楼上跟你讲的一样，很漂亮对不对？这是他哥哥送他的圣诞礼物，他不用花一毛钱耶！将来有一天我也要送给你一部和这一样的车子，这样你就可以看到我一直在跟你讲的，橱窗里那些圣诞节的东西了。"

保罗走下车子，将小弟弟抱到车子的前座里。他的哥哥眼睛发亮，也跟着爬进座位，坐在他的旁边，于是三人便开始了一次令人难忘的假期之旅。那次的圣诞节中，保罗知道了什么叫作付出比接受更幸福，也懂得了什么是最好的礼物。

新年就要来了。同学们，你们想好为自己的父母、老师、好友赠送什么样的新年礼物了吗？给你亲爱的妈妈写一封信，表达你的感谢和祝愿吧；为我们敬爱的爸爸捶捶背，让辛苦了一天的爸爸享受我们的爱吧；认真上课、努力复习，以我们的进步，献给我们可亲可敬的老师吧；用心做一张卡片、用心画一张画，然后写上自己最真诚的祝愿，送给我们身边的朋友吧。礼物不论形式，只要用心，甚至一个笑声、一声问候、一个帮助，都是我们送给朋友最好的礼物。总之，让我们用自己真诚的心，把内心美好的祝福送给每一个关心着自己的人。

第二讲 如何面对零食

在今天的午会中，我们要读的并不是同学的来信，而是一封家长的来信。究竟是什么问题引起了我们家长的关注呢？同学们，你们想不想知道呢？让我们一起打开来信吧：

陶老师，你好。我的孩子是一个挺听话的孩子。有一次，我听孩子说学校要交几块钱，便把钱给了孩子，结果第二天老师打电话给我说孩子的钱还没有交。在我们的一再追问之下，孩子终于说出了实情：她把要交的钱拿去买零食了。原来，许多和她一起上学的同学口袋里经常有一些零花钱，经常在上学的路上买零食吃。而我们给孩子的零花钱很少。所以，这可能导致了她的这种私拿行为。

在信的最后，这位家长提出一个问题："我们该怎样教育孩子，让孩子远离零食呢？"

同学们，今天是我们第一次在心理午会上听到来自父母的声音，让我们第一次近距离地感受到父母在教育孩子时的一些焦虑和困惑，感受到零食带给孩子和家长的影响。因此，我们今天一起来谈谈关于怎样面对零食的问题。

首先，让我们一起来认识一下零食的真实面貌。正如同学们所看到的，现在的零食五花八门，无处不在，而且在包装设计上也是越来越具有吸引力。它们的包装鲜艳有趣，还附加一些卡片、玩具等。但是，无论这些零食的外表有多么吸引人，我们还必须从科学的角度认识它。

从零食的来源讲，有些是出自正规厂家，在那里，每道生产工序都是有严格要求的；有些则来自一些私人作坊或不法商家，甚至还有一些是直接推着小车在街上现做现卖的，这些都是没有经过卫生检测、没有健康保证的。

从营养的角度讲，有些零食是富有营养的，例如酸奶、水果、牛肉干等，能够补充一些身体所必需的营养和能量，而有些零食则会损害我们的身体健康。陶老师曾经在报纸上看到过一则这样的报道：有研究者在广州对街头的烧烤进行调查，结果表明，那些食品的致癌物超标10倍。这个数据多么让人震惊！

另外，就是关于吃零食的时间。我们知道，学校从卫生、行为习惯等角度出发，禁止学生带零食进校园、禁止学生在学校吃零食。我们可以在家里、在周末、在休闲的时候用零食进行调节，增加生活趣味。在这里，陶老师要提醒大家的是，一定不能在正餐之前吃零食，更不能用零食来代替正餐。否则，将会直接危害到我们的身体健康，同时也会养成不良的行为习惯。总而言之，我们要学会从未来的角度着眼，对零食进行科学的选择，决不能图一时的快乐，而盲目地选择、食用零食。

其次，我们需要认识零食经费的来源，以及正确管理我们的零花钱。同学们手中的钱都是来自父母长辈，父母是否给我们零花钱，以及怎样给，与父母对我们的教育方式有关。而父母的教育方式分为科学和不科学两种。研究表明，那些少给零花钱，并且让孩子通过劳动获得零花钱的方式，是最有效、最科学的家庭教育方式。如果你的父母就是这样做的，你应该为你父母的智慧感到自豪。相反，那些用钱来显示自己对孩子的爱，用钱来打发孩子，从

来不让孩子把钱与劳动或者是劳动意识联系起来的教育方式，是最无效、最不科学的教育方式。如果有的同学的父母是这样做的，我们不妨用行动去提醒父母。例如，在父母给自己零花钱之前，给自己安排一次力所能及的劳动。

如果我们拥有了零花钱，怎样使用零花钱才是最科学的呢？是用来买零食请客，在同学中提高人气？还是用来买其他东西？陶老师曾经从书上看到这么一个例子：有一个同学，他从小就对宇航知识很感兴趣，他把所有的零花钱都花在了购买宇宙航空方面的书籍和光盘上。他成了同学中小有名气的"宇航专家"。他的知识让同学们羡慕得不得了，大家都愿意和他交朋友，跟他学一些宇航知识。有时同学们之间发生争论，不由自主地会说："不信，去问咱们班的宇航专家去！"因此，他交到了很多的朋友，自己也成了一名优秀的学生。因此，要判断自己的零花钱是否被科学使用，就看它是否能让自己增值。零花钱花在冰淇淋上，它很快就会融化；但是，如果花在知识上，它就会变成我们自身素质的一个部分，同时也为我们赢得更多人的尊重。你们觉得哪种使用方法更好呢？聪明的孩子一定能得出正确的答案。

因此，我们要以正确的态度来认识、管理零花钱。面对零食，陶老师在此提出一些建议供大家参考：

第一，与父母商量，在家里准备少量的有营养的零食，并合理地安排吃零食的时间。

第二，减少与零食接触的机会。可以适当地远离那些爱吃零食的同学或者吃零食的场景。如果有机会，建议他们安全地选用有营养的零食。

对于那些身上有零花钱的同学，陶老师也有两点建议：

第一，安全购买零食。低年级的同学，最好在父母的陪同下购买零食；高年级的同学，应该在大商场或者正规超市购买零食，少吃或不吃在街头、地摊购买的没有质量保证的食品。

第二，选择有营养的零食。多选择水果、酸奶、豆类，不宜过多地吃油炸食品、高糖的食品，如炸薯片、烤羊肉串，以及干脆面、膨化食品、饼干等。

最后，陶老师还想对全校的同学说，零食只是我们生活的一种调剂品。它能带给我们的满足和享受是物质上的，是有限的、次要的。利用好我们的零花钱，把零花钱用到更应该用的地方，例如购买书籍，使自己不断地增值，为自己美好的未来做好准备，这才是最重要的事情。

我希望，通过同学们的努力和毅力，我们父母心中的焦虑能够逐渐消除，脸上的笑容能够重新绽放，而我们也能够在这种努力中得到成长。

第三讲　怎样看待西方的节日

同学们都知道，下个星期一是西方的圣诞节，这在西方是一个非常隆重的节日。近些年，圣诞节也渐渐影响了我们中国人，特别是年轻人和孩子。大家可以看到，每逢圣诞节来临，在成都的大街小巷，圣诞商品随处可见。大型超市和百货商场里，人们将彩带、圣诞树展示在最显眼的地方，圣诞老人带着慈祥的微笑向大家招手，各种各

样的圣诞礼品被放在铺满人造雪的橱窗里。就连街边的蛋糕店的店员们，也都一律戴上了尖尖的小红帽。总之，西方的节日离我们越来越近了。许多同学似乎也为此感到兴奋和期待。但是，今年的圣诞节，可能要让一些同学失望了，因为学校并不允许同学带圣诞物品，例如塑料充气棒、雪花喷罐等东西到学校来。不少同学可能就很奇怪，这是为什么呢？

在回答这个问题之前，陶老师要考大家一个简单的问题：什么是圣诞节？有些同学说："我知道，我知道，那是西方人为了庆祝基督教耶稣的诞生。"那陶老师就很疑惑了，既然那是西方人的节日，我们中国人为什么要去过圣诞节呢？针对这个问题，今天的午会我们就一起来讨论：怎么看待西方的节日。

同学们，你们是怎么看待西方节日的呢？有同学说，我也不知道为什么要过，只不过看到大家玩得这样热闹，我也去凑凑热闹。也有同学说，不仅仅是凑热闹，还可以见到圣诞老人、漂亮的圣诞树和闪烁着的彩灯、漫天飞舞的雪花等。还有同学说，我没想过那么多，过圣诞节的理由是可以痛痛快快地玩。平时学习压力还是比较大的，功课紧张，没时间好好玩，而这样的节日让我们可以好好玩一玩，利用充气棒捉弄同学，制造漫天的雪花，感觉很有趣。

看来，西方的节日给同学们带来的是兴奋和快乐，还带来了许多新鲜而有趣的物品。这是以上几位同学都提到的。但是，圣诞老人想要带给我们的仅仅是这些外在的物品吗？圣诞老人来到了咱们中国，难道就仅仅是给咱们带来了圣诞树、雪橇、礼物，仅仅是为我们展现了一个充满想象而浪漫的异国节日？它想通过这些美丽的物品给我们带来什么？还是让我们先来了解一下西方圣诞节的精神内涵吧。

在西方，圣诞节对传统的基督徒来说，是在庆祝耶稣的诞生，是为了纪念耶稣和发扬基督的精神。但在后来，这个节日就演变成一种大众化的民俗活动，是一个大家分享彼此对家人、朋友，甚至对他人的爱与关怀的日子。它也象征着人们对于仁爱、喜乐、和平、忍耐、感恩、温柔以及节制的期望。正因为这样，圣诞节在西方逐渐盛行开来。到了今天，随着经济的全球化，圣诞节的精神也传播到了世界的每一个角落，演变成了一个世界性的节日。这背后的原因是，这样的精神是没有国界的，是人类都共同向往的。当然了，文化的传播和渗透是相互的。同学们，你们知道吗，我们中国的传统节日——象征着合家团圆的春节，也渐渐在西方盛行起来了，人们也越来越喜爱中国结，喜爱中国的春节。

因此，圣诞老人给我们带来的不仅仅是圣诞树和各种美丽的礼物，更是传播着人类共同向往的某种精神，让人们能够了解西方文化。这样，不同国家的人就能够相互理解，相互沟通。而我们作为年轻的一代，能够从中获得开阔的视野。

因此，我们不仅仅是被动地接受与圣诞有关的物品，还要主动地了解其背后的精神，培养自己开阔的视野。如果我们只停留在表面，把圣诞节变成打闹取乐的节日，不仅误解和亵渎了节日，还会带来一些不良的影响和后果。根据报道，在2004年的圣诞节，我们全国就有十多个人，因为被圣诞棒过度敲打出血而被送进了医院。在我们校园，曾经有同学用雪花罐随处喷洒雪花，无意中把雪花喷到同学的眼睛里，造成了对同学身体的伤害。不仅如此，我们的环境也为此遭到了破坏。请同学们看看下面的一则报道：塑料充气棒可不是什么温

馨、可人的礼物。混乱的秩序乃至流血事件，都跟它有着很大的关系。另外，它对环境的危害将持续近百年！废弃的塑料充气棒属于不可降解的垃圾，如果作为地下填埋物，混在土壤中，将对土壤结构造成一定影响，破坏土壤原来良好的理化性状，阻碍肥料的均匀分布，影响土壤的透气性，不利于植物根系生长，影响作物吸收养分和水分，从而导致农作物减产；如果随意抛弃在陆地上或水体中，将会对动物生存构成威胁，被动物当作食物吞入，导致动物死亡。另外，漂浮在水体上的塑料制品给水源取用带来很大困难，造成泵抽空和堵塞，给工业生产和水电站造成巨大损失。

同学们，你们看，仅仅为了一时的快乐，会给他人和环境造成多大的影响呀。这种只关注个人快乐，并把个人快乐建立在对他人的伤害，甚至是对社会的危害之上，并不是真正的快乐，更不是节日的真正含义。要知道，每个节日都是有其精神内涵的，节日不是我们捉弄他人、放松自己的借口。我们平时生活和学习的压力，应该通过另外一些渠道来得以释放和缓解。面对西方的节日，我们更应该主动去理解、去感受，而不仅仅是抓住其表面的东西来自娱自乐。因此，我们学校提出希望和要求，把这些表面的、形式化的节日物品留在学校之外。

面对西方的节日，陶老师在此建议：

第一，不盲目跟风，而应该冷静地理解西方的节日及其背后的文化，让自己在全球化的大浪潮下成为一个国际人。我们学校在美国不是有一个姐妹学校吗？为什么不和美国的小朋友通信，了解他们是怎样过圣诞节的呢？还可以给他们带去一份祝福。

第二，安全、快乐地体验圣诞节。不去人多拥挤的地方，不用充气棒、雪花罐来捉弄别人。应该参加一些愉快的聚会和活动，如和父母一起看电影，或者在父母的陪同下参加聚会等。

第三，不用或少用那些不可降解的材料，如充气棒等，以免造成环境污染。

后　记

十多年前，当我从四川大学应用心理学硕士毕业（精神分析与治疗方向），到四川大学附属实验小学开展心理健康教育工作时，我最想要了解的是，这些正在经历童年期、正处于其人格构建关键时期的孩子，他们心里想的是什么？他们的精神正经历着怎样的过程？另外，对他们来说，又有哪些因素构成他们生活的障碍？

以上每一个问题都源于我对精神分析理论与实践的认识。早在一百多年前，弗洛伊德就告诉世人，成人的神经症是源于幼儿和童年期的创伤性经历。这一论断激发了后人对人类早年精神生活的关注和研究。这些研究表明，儿童期并非人们所想象的都是无忧无虑的，儿童的精神世界也充满着各种困惑和障碍，其解决与否与未来的成年生活息息相关。儿童成长环境中的一些不利因素（尤其是父母带来的负面影响，例如书中所提到的父母吵架、亲子关系不好等），会使得儿童的精神发展出现停滞甚至倒退的现象。因此，精神分析或心理咨询的工作就是为孩子的精神构建提供支撑，帮助困难中的他们重拾信心，并继续生活之路。

从这些问题出发，在开始工作之初，我便在学校的广播中向全校孩子发出邀请，邀请他们给我写信，邀请他们向我说出他们的烦恼和困难。随之而来的是，孩子们的信件如雪花般飞来，很快塞满了我所设立的"心语信箱"，短短的几天之内我收到上百封信！

面对孩子们的来信，我采取了如下两种处理方式：一方面，我花了大量时间，一一回复；另一方面，我借鉴了法国著名儿童精神分析家弗朗索瓦兹·多尔多在电台回答父母来信这一做法，以学校的广播为平台开设心理午会。我每周从来信中选取一封颇具典型性和普遍性的来信（也一定是写信者强烈要求公开的信件），在广播里进行回复和解答。就这样，回复来信和每周的心理午会就成了我工作的重心。

这一工作产生的效应是，学校的孩子都知道了我的存在、"心语信箱"的存在，都知道了心理健康室这一地点以及它的意义。在很长的一段时间里，信箱里的信都是满满的，并且各班的班主任老师也向我反馈，孩子们都非常期盼每周一次的心理午会。这让我看到了儿童心理健康工作的重要性，也让我更加坚定了要努力实现从抽象化的精神分析走向具体、生活化的精神分析的转变的想法。

应该说，这样的转变是不容易的，而且最初总是伴随着极大的焦虑，我深感理论和日常生活之间的巨大差距。幸而有学校德育处的王宁主任，她总是非常谦虚又诚恳地与我讨论心理午会的稿子，真诚地给我指出哪些话孩子是听不懂的，指出我的哪些观点是非常独特的、一定会让孩子获益的。同时，在具体工作中，我的导师霍大同先生所提出的中国化精神分析理论也给予我很多启发。

2008年，在余强校长和学校的支持下，我整理了两年以来四十多篇心理午会稿，以《惠风和畅——走进孩子》为书名，在四川大学出版社出版。

2014年，当我从学校离开，开始给精神分析爱好者、心理咨询师讲授儿童精神分析理论与临床时，许多人向我询问，是否有一些比较通俗易懂的、关于儿童心理或精神分析的读物，尤其是关于如何在机

构中开展儿童心理或精神分析工作的读物。与此同时，我的一些同学和朋友，他们大多已为人父母，在教育孩子时常遇到一些难题，与我交流之余，也向我询问有无相关的书刊推荐。正是这样的"询问"使我想起了曾出版的《惠风和畅——走进孩子》一书，于是我决定再版此书。其中，原书的分类即自我、亲子、学习心理等板块仍继续沿用，而主要的工作在于增补2008年后的心理午会内容，以及将书名更改为《倾听孩子》。

此书最终得以完成并出版。首先，我要感谢四川大学附属实验小学的余强先生，感谢他在我工作期间，对心理健康工作的支持。直到如今，我认为这一举措在国内都是非常超前的。我认为这不仅需要勇气，更需要对教育的深刻理解，需要对精神分析与心理教育这一新生事物抱有信心。其次，我要感谢我的导师霍大同先生，我能够走上精神分析的道路，尤其是从事儿童、青少年精神分析的工作，与霍先生的鼓励和支持分不开。先生几十年如一日的严谨治学精神也深深影响了我，让我无论是在学校还是在个人工作室，始终都带着最大的热情与努力来接待每位儿童与青少年。再次，我还要感谢王宁女士，每次初稿之后，我都会与她进行讨论。她对儿童教育的理解和广阔的视野，尤其是如何使用儿童语言等方面，给我的启发很大。我还要感谢高州市人民医院的李普华先生，他逐字逐句地校对原书和增补部分，为此付出了许多时间与精力；感谢我的朋友宋彬女士，她对本书的封面设计提出了宝贵的建议。最后，我要感谢我的家人，在我读书期间和出书期间，他们给予了我最大的支持。

陶杏华·于望江橡树林小区

二零一七年四月二十日